lonely planet

MALLORCA

Laura McVeigh

INHALT

Reiseplanung

Reiseziele

Platja de Cala Gat, Cala Ratjada (S. 22)

Portocolom (S. 141)

Praktisches

Storybook

Cap de Formentor (S. 104)

Playa del Muro (S. 111)

OBEN: VULCANO/SHUTTERSTOCK © UNTEN: LAURA MCVEIGH/LONELY PLANET ©

Caló des Moro (S. 148)

WILLKOMMEN AUF MALLORCA

Weiße, kilometerlange Sandstrände, unberührte Buchten, türkisfarbenes Wasser und ein traumhafter Himmel über dem Mittelmeer. Die dramatische Bergkulisse der Serra de Tramuntana, das pulsierende, maurisch geprägte Palma, die honigfarbenen Bergdörfer Deià und Fornalutx, eingebettet in Oliven- und Orangenhaine und umrankt von Bougainvilleen und duftendem Jasmin. Ausgezeichnetes Essen, lebhafte Feste, Open-Air-Kinos und -Konzerte im Sommer sowie kreative Enklaven. Eine reiche Inselgeschichte ... Das sind nur einige Gründe, Mallorca zu lieben. Aber am meisten haben die Herzlichkeit, die Freundlichkeit und der unverwüstliche Sinn für Humor der Inselbevölkerung mein Herz erobert. Die Insel lässt sich das ganze Jahr über besuchen. Erkunde dieses Juwel des Mittelmeers am besten abseits der Touristenpfade.

Laura McVeigh

lauramcveigh.com, @lcmcveigh

Laura ist eine international erfolgreiche Roman- und Reiseautorin.

Mein Lieblingserlebnis ist eine Wanderung zum Leuchtturm von Cap Gros am frühen Morgen. Dabei bietet sich ein toller Blick auf Port de Sóller. Danach nehme ich ein Bad in einer verlassenen Bucht, bevor ich zu schreiben beginne.

VERONIKA GALKINA/SHUTTERSTOCK ©

Valldemossa (S. 84)

Sa Foradada
Ab Son Marroig mit dem Boot oder zu Fuß durch Olivenhaine zu diesem berühmten Restaurant gelangen (S. 89)

Sóller
Unterwegs mit der Oldtimer-Tram und dabei Architektur und Kunst des Modernismo bewundern: Picasso, Miró und mehr (S. 78)

Santa María del Camí
Auf der Fahrt mit dem Zug entlang der Strecke in den Dörfern Halt machen und Weinberge besuchen (S. 120)

Sa Dragonera
Mit dem Boot zum Naturreservat für eine Wanderung abseits der Touristenströme (S. 95)

Palma
Maurische und modernistische Architektur in der lebendigen Hauptstadt (S. 42)

Portixol
Leutegucken auf der Promenade dieses charmanten, ruhigen Hafens mit beliebten Lokalen (S. 68)

Illetes
Lässige Beachclub-Atmosphäre in den noblen Buchten und am hübschen Strand (S. 71)

Santa Catalina
Entspanntes internationales Flair in dem ehemaligen Seemannsviertel (S. 60)

Platja des Trenc
Wilder Strand mit weißem Sand und azurblauem Wasser (S. 149)

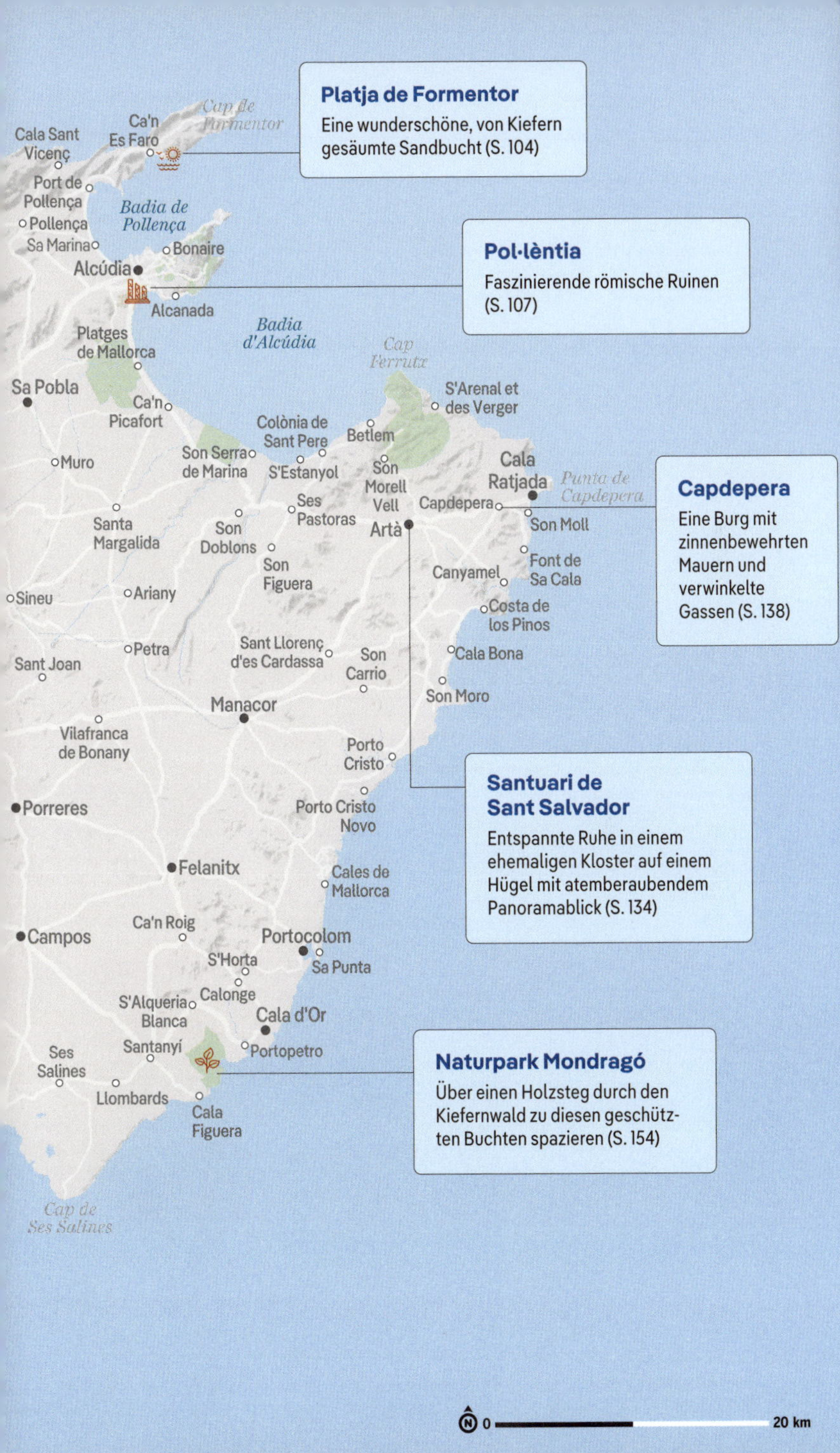

Platja de Formentor

Eine wunderschöne, von Kiefern gesäumte Sandbucht (S. 104)

Pol·lèntia

Faszinierende römische Ruinen (S. 107)

Capdepera

Eine Burg mit zinnenbewehrten Mauern und verwinkelte Gassen (S. 138)

Santuari de Sant Salvador

Entspannte Ruhe in einem ehemaligen Kloster auf einem Hügel mit atemberaubendem Panoramablick (S. 134)

Naturpark Mondragó

Über einen Holzsteg durch den Kiefernwald zu diesen geschützten Buchten spazieren (S. 154)

WILDE ABENTEUER

Dank seiner vielfältigen Landschaft und dem milden Mittelmeerklima bietet Mallorca ein besonderes Naturerlebnis. Das UNESCO-Weltkulturerbe Serra de Tramuntana, die Naturparks S'Albufera, Arxipèlag de Cabrera oder Sa Dragonera locken Gäste, die Kalksteinfelsen besteigen, auf Bergpfaden wandern, in Schutzhütten schlafen, mit dem Rad Haarnadelkurven bezwingen oder entspannt die Vogelwelt erkunden. Auf Adrenalinjunkies warten Canyoning, Tauchen oder Klippenspringen ...

Vögel beobachten

Im Frühling besuchen Vogelbeobachter:innen die Feuchtgebiete von S'Albufera vor der offiziellen Öffnung kurz nach Sonnenaufgang.

Verantwortungsvoll wandern

Nimm den Müll mit, bleib auf markierten Wegen und respektiere die lokale Tierwelt. Achte Privateigentum.

Jagdsaison

„Coto Privado de Caza" kennzeichnet Gebiete, die auch für die Jagd genutzt werden. Nicht die Pfade verlassen!

Straße nach Sa Calobra (S. 81)

BESTE ERLEBNISSE IN DER NATUR

Einen Abschnitt des 140 km langen Fernwanderwegs **GR221** ❶ absolvieren, der sich durchs Tramuntana-Gebirge von Andratx nach Pollença schlängelt. (S. 94)

Die Strecke hinunter nach **Sa Calobra** ❷ gilt als eine der landschaftlich reizvollsten, aber auch gefährlichsten Straßen, denn sie bietet Steigungen, Haarnadelkurven, enge Abschnitte und viel Verkehr im Sommer. Nur für starke Nerven. (S. 90).

In der Hochsaison mit der Fähre nach **Sa Dragonera** ❸ übersetzen, einer geschützten Insel – zum Wandern, Picknicken, Schwimmen. (S. 95)

In den Feuchtgebieten des **Parc natural de S'Albufera** ❹ Vögel beobachten, am besten im Frühling, aber auch im Winter durchaus lohnend. (S. 112)

Den **Naturpark Llevant** ❺ erkunden, ein schönes geschütztes Gebiet mit vielen Wanderwegen und Unterständen entlang des Weges. (S. 136)

Feiernde in Sineu (S. 126)

FANTASTISCHE FESTE

Die Mallorquiner:innen pflegen ihre Traditionenmit Hingabe. Das ganze Jahr über finden zahlreiche religiöse, historische oder kulturelle Events statt, darunter auch Musik- und Filmfestivals sowie Erntefeste für Wein, Honig und Oliven.

Festival-Kalender

Lokale Feste sind auf der Insel sehr wichtig. Inselbewohner:innen aller Altersgruppen nehmen an ihnen teil. Und der Insel-TV-Sender IB3 berichtet ausführlich.

Große Feste

Zu den wichtigen Festen und Events auf der Insel gehören der Carnaval im Februar, die Semana Santa (Karwoche) und die Festa Sant Jordi am 23. April.

DIE BESTEN FESTE

Ein Kostüm anziehen und los auf den Karneval **Sa Rua** ❶ – mit Paraden, Musik und Essen. Und für Kids gibt's eine eigene Version: Sa Rueta. (S. 118)

Es Firó ❷ spielt den Angriff der Sarazenen auf Port de Sóller und Sóller nach. (S. 77)

Evolution Film Festival ❸ erfreut jedes Jahr im Oktober die Insel mit Vorführungen und Events. (S. 53)

Bei der **Processio de la Beata** ❹ in Santa Margalida feiern kostümierte Einheimische ihre Heiligen mit einem lebensfrohen Umzug. (S. 123)

FABELHAFTE FINCAS

Um einen echten Eindruck vom Inselleben und von der Geschichte Mallorcas zu bekommen, bietet sich ein Aufenthalt auf einer der zahlreichen wunderschönen Fincas an, die über das gesamte Eiland verteilt sind. Manche Landgüter sind eher rustikal und authentisch, andere versprühen einen Hauch von Luxus in betörender Umgebung.

Umweltfreundlich reisen

Miete dich auf einer Öko-Finca ein oder arbeite auf einem Bauernhof mit.

Etwas für jeden Geldbeutel

Fincas können einfach und rustikal sein, aber durchaus auch ziemlich luxuriös.

Finca-Restaurants

Viele größere Fincas betreiben fabelhafte Restaurants. Wirf einen Blick in den Michelin-Guide für Empfehlungen.

BESTE FINCA-AUFENTHALTE

Monnaber Nou Eco Hotel & Spa ❶ erstreckt sich über 225 ha und verfügt über Spa und Pool. Dieser ökozertifizierte Hof legt den Schwerpunkt auf Nachhaltigkeit. (S. 124)

Son Mas ❷ ist ein weitläufiger, eleganter Landsitz aus dem 17. Jh. mit Spa. (S. 141)

Das idyllische Landgut **Ca's Xorc** ❸ bietet unglaubliche Kulinarik, Gärten und Panoramablicke. Perfekt für alle, die in der Tramuntana wandern wollen. (S. 79)

Mirabó de Valldemossa ❹ ist eine Finca aus dem 16. Jh. in perfekter Lage für Wanderfreudige. (S. 85)

Hotel Predi Son Jaumell ❺ ist eine Luxus-Option mit Michelin-gekrönter Küche. (S. 139)

CALAS & STRÄNDE

Mallorca besitzt fast so viele felsige Buchten und sandige *calas* wie das Jahr Tage hat. Deshalb steht die Küste für viele Gäste im Fokus. Und für jede und jeden ist etwas dabei: von der wilden Platja Es Trenc über die weißen Strände von Pollença und Alcúdia im Norden bis hin zu den geschützten, familienfreundlichen Stränden bei Port de Sóller. Nicht zu vergessen: die felsigen *calas* an der Westküste, die Sandstrände im Osten und Südosten sowie die Partystrände von Badia de Palma.

Für Wassersportfans

Versuch's mit Windsurfen, Kitesurfen, Tauchen, Canyoning oder Coasteering bei einem Outdoor-Spezialisten von der Insel.

Abseits ausgetretener Pfade

Mach dich auf die Suche nach ruhigen Buchten und Felsenpools. Im Nordosten gibt es echte Kleinode, etwa schwer zugängliche Buchten.

Cool bleiben

Auch wenn ein Sonnenbad nicht dein Ding ist, schütze dich. Die Sonne ist stärker, als die Brise vermuten lässt.

Platja des Trenc (S. 149)

BESTE STRAND-ERLEBNISSE

Auf den Spuren von Audrey Hepburn, Elizabeth Taylor und Charlie Chaplin an der von Kiefern gesäumten **Platja de Formentor** ❶. (S. 104)

In der **Cala Banyalbufar** ❷ schnorcheln – etwas versteckt gelegen, aber ein Juwel mit winzigem Hafen und traditionellen Fischerhütten. Am besten im Dorf parken und hinunterlaufen. (S. 88)

Die kilometerlange wilde **Platja des Trenc** ❸ bietet weißen Sand und türkisfarbenes Wasser. (S. 149)

Den Tag in einem der Strandclubs der Insel verbringen – **Illetes** ❹ bietet atemberaubende Locations nahe Palma, die sich anfühlen, als seien sie meilenweit vom Stadtleben entfernt. (S. 71)

Die Kinder in der Surfschule **Ca'n Pastilla** ❺ anmelden. Bei Windstille können sie skateboarden, paddleboarden oder Kajak fahren. (S. 65)

Katmandu Park (S. 71)

FAMILIEN-SPASS

Mallorca ist ein beliebtes Reiseziel für Familien. Es gibt jede Menge Attraktionen, die Kids auf Trab halten. Ob Aquaparks, Reitausflüge, Surfen, Seilrutschen und Kletterpartien, leichte Bergtouren, Radtrips, Windsurfen, Kajakfahren oder einfach nur Baden und Faulenzen – die Insel hält alles bereit.

Mal was anderes

Verbring einen Nachmittag beim Reiten am Strand von Son Serra de Marina.

Wildnis-Suche

Entfliehe dem Alltag auf den Inseln Cabrera oder Sa Dragonera. Auf geht's per Boot. Picknick nicht vergessen.

BESTER FAMILIENSPASS

Die besten Aquaparks sind **Western Water Park** ❶ in Magaluf, **Aqualand** ❶ in S'Arenal und **Hidropark Alcúdia** ❶. (S. 71, 65, 109)

Katmandu Park ❷ bietet Spielplätze, Fahrgeschäfte und ein Haus auf dem Kopf. (S. 71)

Es regnet? Dann los zum **Palma Aquarium** ❸, um Meeresgetier zu beobachten. (S. 65)

Zipling und noch mehr Outdoor-Action gibt es im **Jungle Parc** ❹ in **La Reserva** ❹. (S. 58, 71)

Unterirdische Höhlen locken: **Coves del Drac** ❺ oder **Coves de Génova** ❺. (S. 71, 171)

KULINARISCHE GENÜSSE

Die mallorquinische Küche ist überraschend deftig und rustikal. Tapas werden zwar in zahlreichen Restaurants angeboten, sind aber weniger typisch. Palma bietet eine große Auswahl an internationalen Gerichten, von Poke Bowls über Enchiladas bis hin zu Sushi. Und auch pflanzliche und glutenfreie Kost ist auf der Insel erstaunlich gut zu bekommen. Außerdem sorgen immer mehr innovative Köch:innen für ein breites Spektrum an kulinarischen Genüssen (oftmals sogar Sterneküche).

Vegan? Glutenfrei? Kein Problem!

Vor allem im Viertel Santa Catalina und in der Altstadt von Palma gibt es eine Vielzahl von gastronomischen Angeboten.

Traditionelle Kost

Ein echtes traditionelles Essen erwartet einen in einem *celler* (Weinkeller, der zum Restaurant umfunktioniert wurde).

Kochkurse

Melde dich für einen Kochworkshop in Palma an, um die mallorquinische Küche kennenzulernen. Ecocirer in Sóller bietet auf gesunde Ernährung spezialisierte Kochkurse für Kinder an.

BESTE GASTRO-ERLEBNISSE

Der talentierte Sternekoch Maca de Castro ist bekannt für Qualität und führt nun das **Andana** ❶ in Palma. (S. 55)

DINS Santi Taura ❷ ist ein Restaurant nur für Erwachsene – eine raffinierte Küche, die mallorquinischen Klassikern einen modernen Twist verleiht. (S. 55)

Mit seiner atemberaubenden Lage in den Bergen und dem Blick von der Terrasse ist das **Es Racó d'es Teix** ❸ eine Institution in Deià. (S. 89)

Das Restaurant **Botànic** ❹ bietet ein pflanzenbasiertes Gastro-Erlebnis mit lokalen Produkten. (S. 56)

Das **Béns d'Avall** ❺ mit tollem Meerblick nahe Deià bietet eine exzellente Küche. (S. 80)

KREATIVE ABENTEUER

Mallorca zieht von jeher Kunstschaffende an und verfügt inzwischen über eine lebendige Kunst- und Galerieszene. Von der zeitgenössischen Galerie CCA Andratx bis zur Fundació Miró Mallorca in Palma gibt es auf der Insel ein breites Spektrum an Kunst zu entdecken, inklusive eines vielfältigen Programms, auch mit Gesprächen und Workshops.

Zu Besuch im Kunstatelier

Mach einen Atelierbesuch mit Art Balear Studio Tours und sieh dir aktuelle Arbeiten an.

Der Tag als Künstler:in

Versuche dich im Töpfern, Weben oder Malen. „Drop-in-Kurse" gibt es auf der ganzen Insel.

Insel-Kunst

Bewundere die Arbeiten von Miquel Barceló, dem bekannten lokalen Künstler aus Felanitx, einschließlich seiner Skulpturen in La Seu, der Kathedrale von Palma.

Die Skulptur *Para ti* von Betty Gold im Es Baluard Museu de Art Contemporani (S. 53), Palma

DIE BESTEN KUNSTGALERIEN

Fundació Miró Mallorca ❶ zeigt die Ateliers von Joan Miró auf der Insel so, wie sie waren – und seine Werke. (S. 53)

Museu Fundación Juan March ❷ in Palma präsentiert eine große Ausstellung zeitgenössischer spanischer Kunst, darunter Werke von Miró, Picasso, Dalí und Barceló. (S. 53)

Es Baluard ❸ ist in einer imposanten Festung aus dem 16. Jh. in Palma untergebracht, direkt am Wasser, mit Werken von Tàpies, Miró und Dalí. Die Skulpturen nicht verpassen. (S. 53)

Ca'n Prunera ❹ in Sóller hat eine feine Kunstsammlung mit Werken von Picasso und Miró und einen schönen Garten. Weitere Keramiken von Picasso und Kunstwerke von Miró sind im Bahnhof von Sóller zu besichtigen. (S. 78)

Nit de l'Art ❺ ist ein besonderes Event in Palma. Die Galerien öffnen die ganze Nacht hindurch und bieten ein aufregendes Rahmenprogramm. (S. 53)

STÄDTE & REGIONEN

Entdecke dein Sehnsuchtsziel.

Westliches Mallorca

KULTUR UND NATUR

Begib dich auf die Spuren von Frédéric Chopin und George Sand im charmanten Valldemossa. Erkunde die wunderschönen Berge der Serra de Tramuntana, ein UNESCO-Weltnaturerbe. Entdecke die herrliche Küste der Insel mit dem Boot von Port de Sóller aus – und verliere dich in den Orangen- und Olivenhainen der von Bougainvilleen umrankten Bergdörfer.

S. 73

Palma & Badia de Palma

IM HERZEN DES MITTELMEERS

In den hübschen Straßen Palmas trifft maurischer Stil auf modernistisches Flair. Hier erwarten dich atemberaubende Architektur, Kunstgalerien, Restaurants, Festivals, Märkte sowie tolles Nachtleben, Shopping und Kultur. Tagsüber kannst du dich an einem der zahlreichen goldenen Sandstrände der Bucht entspannen. Die Aktiven erwarten Segelschulen, die weniger Ambitionierten Strandclubs, in denen man sich entspannt zurücklehnt.

S. 42

Das Inland

WEINBERGE UND HEILIGTÜMER

Entdecke besinnliche Wallfahrtsorte mit einem unglaublichen Panoramablick. Übernachte in einer *refugi* (Berghütte), um dich zu erden. Teste die Kellerrestaurants und Weinbergstouren im Landesinneren und besuche entspannte, honigfarbene Städte und Dörfer. Komm im Frühling wegen der Wildblumen oder im Herbst wegen der Erntefeste.

S. 115

Nördliches Mallorca

RÖMISCHE RUINEN UND HERRLICHE STRÄNDE

Erkunde die römische Vergangenheit der Insel in Pol·lèntia, spaziere auf den alten Stadtmauern von Alcúdia oder schlendere durch die weiß getünchten Gassen. Surfe in der Bucht von Pollença. Segle am endlosen Strand von Alcúdia oder genieße einfach die Sonne an der hölzernen Strandpromenade im Schatten der Pinienbäume. Der Parc Natural de S'Albufera erwartet dich ebenso.

S. 96

Östliches Mallorca

BURGEN, HÖHLEN UND BUCHTEN

Der Osten der Insel ist magisch. Genieße das goldene Licht auf den Burgmauern von Capdepera, wandere im stillen Naturpark Llevant und entdecke seine versteckten Buchten und Strände. Begib dich in den geheimnisvollen Coves del Drac unter die Erde. Fühlst du dich abenteuerlustig? Dann solltest du Canyoning, eine Kajaktour, einen Tauchgang oder eine Kletterpartie ausprobieren.

S. 128

Südliches Mallorca

WILDE STRÄNDE UND FISCHERDÖRFER

Ein Aufenthalt im Süden bietet wilde Strände und *calas* sowie einen atemberaubenden Naturpark in Mondragó, darüber hinaus fabelhafte Boutiquehotels und Fincas sowie kleine Fischerdörfer. Antike Stätten aus der Bronzezeit und das unberührte Naturschutzgebiet Illa de Cabrera sind lohnende Ausflugsziele.

S. 143

SINA ETTMER PHOTOGRAPHY/SHUTTERSTOCK ©

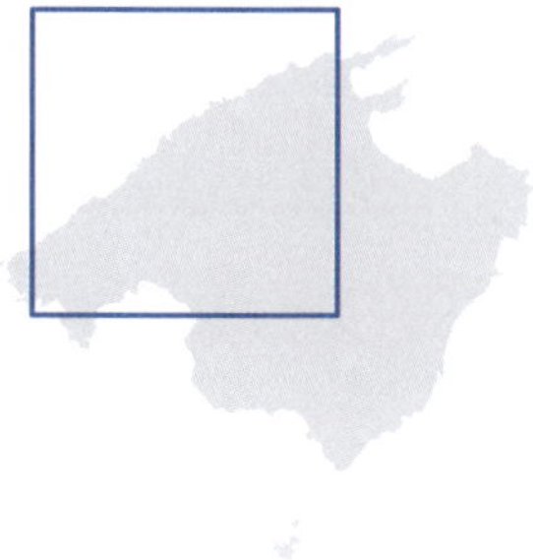

Banyalbufar (S. 87)

REISEROUTEN

Küste & Kultur

Dauer: 10 Tage **Strecke:** 107 km

Entdecke die hinreißenden Landschaften und malerischen Bergdörfer des Inselwestens – mithilfe eines Mietwagens in der Neben- oder Zwischensaison. Genieß dabei die mallorquinische Küche und halte an spannenden Kunstgalerien und historischen Stätten.

1

ANDRATX 2 TAGE

Beginne in **Andratx** (S. 91) in der zeitgenössischen Kunstsammlung des CCA Andratx (Mo geschl.). Andratx ist ein guter Ausgangspunkt, um die nahe Küste zu erkunden (z. B. den Naturpark Sa Dragonera per Boot; Foto oben) und um in der Serra de Tramuntana zu wandern. Am Puig de Galatzó gibt es mehrere beliebte Wanderwege.

40 Min.

2

BANYALBUFAR 1 TAG

Die kurvenreiche Küstenstraße bietet spannende Aussichten entlang der Westküste. Halte in **Estellencs** (S. 87) und stärke dich in einem der Cafés oder Restaurants auf dem Weg zum friedlichen **Banyalbufar** (S. 87), einem Ausgangspunkt für Wanderungen. In der Nähe gibt es schöne unberührte Buchten und *calas* (aber die Fahrt zu ihnen ist anspruchsvoll).

25 Min.

3

VALLDEMOSSA 1 TAG

Besuche das ehemalige Wohnhaus von Frédéric Chopin und George Sand und erkunde die Kopfsteinpflasterstraßen von **Valldemossa** (S. 84). Dies ist der Geburtsort der einzigen lokalen Heiligen, Santa Catalina. Es gibt einige Kunstgalerien, Cafés, Restaurants und eine herrliche Landschaft. Am schönsten ist es abends, wenn die Tagesausflügler weg sind.

17 Min.

KRIS HOOBAER/SHUTTERSTOCK ©, KONSTANTIN TRONIN/SHUTTERSTOCK ©, KATRINEAANENSEN/SHUTTERSTOCK ©

4

DEIÀ 1 TAG

Das hübsche **Deià** (S. 88) ist quasi Opfer des eigenen Erfolgs geworden. Am besten in den ruhigeren Monaten besuchen, denn im Sommer strömen Gäste zur Cala Deià (einem Schauplatz von *The Night Manager*). Deià war die Heimat des Schriftstellers Robert von Ranke-Graves und hat viele Kunstschaffende angezogen. Herrlich – wenn du einen Parkplatz findest.

25 Min.

5

SÓLLER 2 TAGE

In **Sóller** (S. 78), dessen Plätze gesäumt sind von Orangenbäumen und schönen Gebäuden, unternimmst du eine Reise in die Vergangenheit. Eine Tram fährt zum nahen Port de Sóller in den Ausläufern der Tramuntana. Dort gibt es Galerien, Läden, Gärten und Festivals. Und das Goldene Tal bietet hervorragende Wander-, Tauch- und Segelmöglichkeiten.

1 Std. 16 Min. (über die Bergroute)

6

POLLENÇA 2–3 TAGE

Halte im malerischen **Fornalutx** (S. 79), einem der schönsten Dörfer Spaniens. Fahr weiter, vorbei an unglaublichen Aussichten auf die Berge, und besuche das Monestir de Lluc, wo es viele Wandermöglichkeiten gibt, bevor du nach **Pollença** (S. 102) gelangst. Von der lebhaften Stadt ist es nicht weit zum wilden Cap de Formentor mit seinen spektakulären Stränden und Buchten.

SIMON DANNHAUER/SHUTTERSTOCK ©

Platja de Cala Gat in Cala Ratjada

REISEROUTEN

Geschichte & Kleinode

Dauer: 5 Tage **Strecke:** 35 km

In dieser weniger besuchten Region locken versteckte Buchten und historische Schätze – perfekt, um den Menschenmassen zu entfliehen und gleichzeitig eine authentische Seite der Insel zu entdecken. Am besten mit dem Mietwagen oder auch mit dem Rad.

1

MANACOR ⏱1–2 TAGE

Manacor (S. 118) ist eine geschäftige Stadt im Zentrum, abseits der Touristenströme. Montags öffnen ihre lebhaften Märkte. Der „Sohn“ der Stadt, Rafael Nadal, hat unweit eine Tennisakademie. Entdecke von hier: Portocolom, Buchten, Strände und die Coves del Drac. Der 29 km lange Öko-Pfad führt nach Artà – du kannst wandern, Rad fahren oder reiten.

🚗 *24 Min.*

2

ARTÀ ⏱1 TAG

Das authentische Städtchen **Artà** (S. 134) kann zu Fuß erkundet werden: die verwinkelten Gassen, die Burgmauern und der famose Blick auf den Naturpark Llevant. Dienstags ist Markttag. Der Markt ist bekannt für Töpfer- und Korbflechtwaren.
Es gibt viel zu entdecken, etwa Überreste aus der Bronzezeit, die Höhlen von Artà und das Santuari de Sant Salvador.

🚗 *15 Min.*

3

CAPDEPERA ⏱1 TAG

Das charmante Städtchen **Capdepera** (S. 138) hat eine lange Geschichte, die bis in die Bronzezeit reicht. Es bietet gute Restaurants, *agroturismo* und mittwochs einen beliebten Markt. Cala Ratjada, Cala Agulla und Font de Sa Cala liegen ebenso in der Nähe wie der Naturpark Llevant. Im Mai findet das lebhafte Mittelalterfest auf der Burg statt.

🚗 *24 Min.*

VULCANO/SHUTTERSTOCK ©, RAFAEL MARTIN-GAITERO/SHUTTERSTOCK ©, JOKE VAN EEGHEM/SHUTTERSTOCK ©

Radfahren auf dem Öko-Pfad zwischen Manacor und Artà

4

SON SERRA DE MARINA

1 TAG

Ebenfalls abseits der Touristenpfade und eher bei Einheimischen beliebt, ist **Son Serra de Marina** (S. 112) ein Ort für Surfer, Abenteuersportler (Canyoning, Kajakfahren, Windsurfen, Kitesurfen, Höhlenwandern, Reiten und Tauchen) und diejenigen, die gerne wilde Landschaften wie den benachbarten Parc Natural de S'Albufera erkunden möchten.

DANISKIM/SHUTTERSTOCK ©

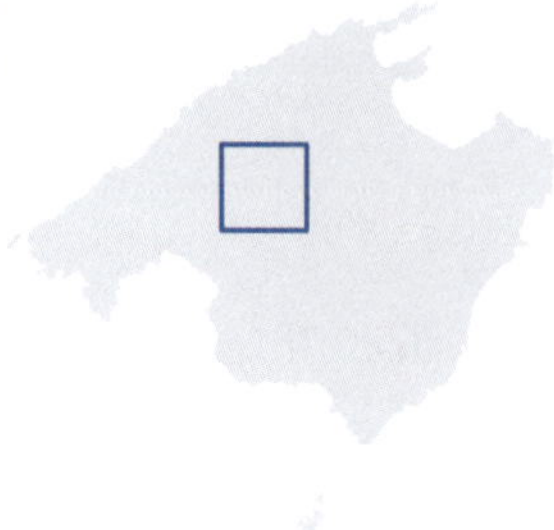

Weingut in Sencelles

REISEROUTEN

Weingüter & Dörfer

Dauer: 5 Tage **Strecke:** 42 km

Im Inselinneren erwarten dich Weingüter (bitte im Voraus buchen) und Dörfer. Für einen Streckenabschnitt bietet sich der Zug an, denn Santa María, Binissalem und Inca liegen auf derselben Strecke (für den Rest nimmst du den Bus). Ansonsten lohnt es sich, ein Auto zu mieten.

1

SANTA MARÍA DEL CAMÍ 1 TAG

Santa María (S. 120) ist mit seinen Boutiquen, Cafés und Restaurants ein guter Ausgangspunkt für den Besuch der umliegenden Weingüter (Macià Batle und Bodegas Angel sind beide vor Ort). Sonntags ist Markttag, dann erwacht die Stadt zum Leben. In der Nähe gibt es viele Fincas und Boutiquehotels.

13 Min.

2

BINISSALEM 1 TAG

Das verschlafene **Binissalem** (S. 120) ist das Zentrum der Weinproduktion und ein angenehmer Ausgangspunkt für Ausflüge in die Umgebung. Im September feiert die Festa des Vermar die Weinlese.
Die Bodegas José Luis Ferrer (Foto oben), die nahe gelegenen Bodegas Biniagual und der Celler Tianna Negre können besichtigt werden.

11 Min.

3

INCA 1 TAG

Die Stadt **Inca** (S. 119) ist die drittgrößte Stadt Mallorcas und bekannt für ihre Lederarbeiten und traditionellen *celler*-Lokale. Der lebhafte Markt findet donnerstags statt. Mit zahlreichen Cafés und Restaurants ist Inca verkehrstechnisch gut angebunden und ein guter Ausgangspunkt für die Erkundung der Weinberge in der Umgebung.

11 Min.

VULCANO/SHUTTERSTOCK ©, ARTESIA WELLS/SHUTTERSTOCK ©, JOAN LLADO/SHUTTERSTOCK ©

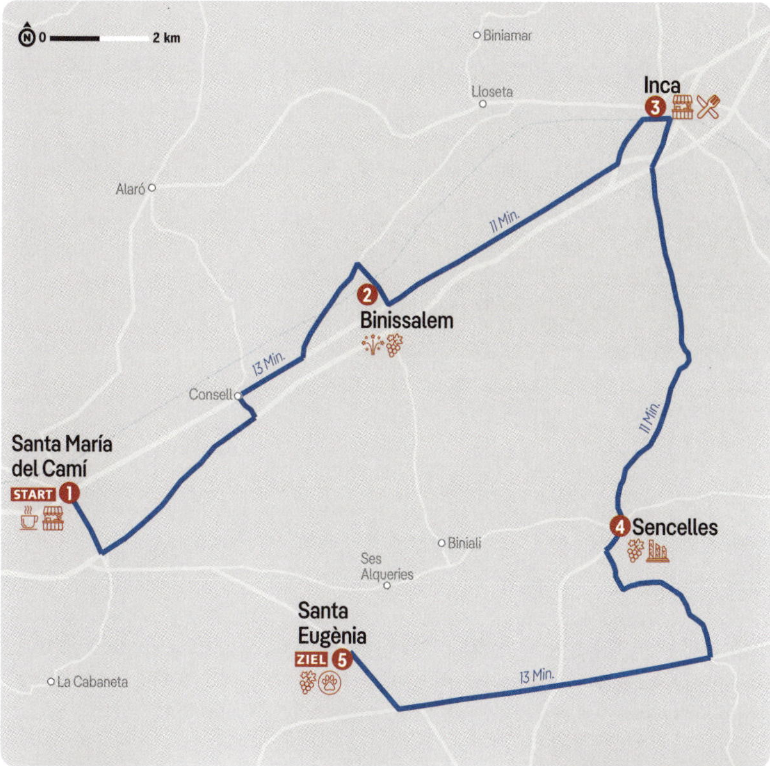

4

SENCELLES 1 TAG

Um einen echten Eindruck vom mallorquinischen Landleben zu erhalten, darf **Sencelles** nicht fehlen. Das landwirtschaftliche Zentrum im Pla de Mallorca ist für seine Weinproduktion, Olivenölherstellung, Schafzucht und Feigenproduktion bekannt und von archäologischen Stätten umgeben. Eines der Weingüter ist Can Ramis (S. 122). Mittwochs ist Markttag.

13 Min.

5

SANTA EUGÈNIA 1 TAG

Das verschlafene **Santa Eugènia** liegt an der Weinstraße und beheimatet das Vinja Taujana, das im Rahmen einer Tour Weinverkostungen und Tapas bietet. Auch der Natura Parc (kleiner Zoo und Naturschutzzentrum) liegt hier. Der Wochenmarkt findet samstags statt. Dies ist ein guter Ausgangspunkt für Wanderungen und Radtouren. Es gibt ausgezeichnete kleine Hotels und Restaurants.

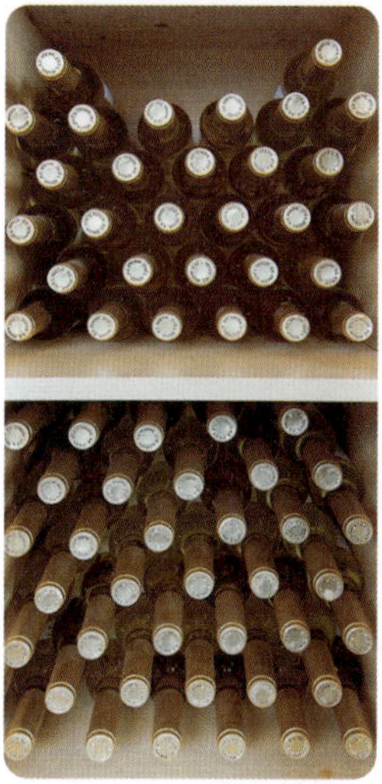

Weinflaschen in Binissalem

DANISKIM/SHUTTERSTOCK ©

Skimboarder, Cala Mesquida (S. 137)

REISEROUTEN

Aktiv-Abenteuer

Dauer: 11 Tage **Strecke:** 140 km

Von Canyoning bis Psicobloc, von Kitesurfen bis Tauchen, von Klippenspringen bis Gleitschirmfliegen, von Klettern bis Reiten – hier findest du alles, was deinen Adrenalinspiegel in die Höhe treibt. Wende dich an lokale Action-Expert:innen.

1

POLLENÇA 2 TAGE

Port de Pollença (S. 104) bietet eine große Auswahl an Unterkünften in der Nähe der Wassersportzentren. Lern Segeln, Windsurfen, Kitesurfen oder Tauchen von lokalen Profis. Genieß traumhafte Rad- und Wanderwege am Cap de Formentor. Die historische Stadt **Pollença** (S. 102) liegt landeinwärts, ist charmant und bietet zahlreiche Unterkünfte.

20 Min.

2

ALCÚDIA 2 TAGE

Gleich in der nächsten Bucht befindet sich das touristische **Port d'Alcúdia** (S. 109) mit schönen Stränden und zahlreichen Wassersportschulen. Wie wäre es mit Kajakfahren, SUP, Windsurfen oder Paragliding? **Alcúdia** im Landesinneren, umgeben von einer Stadtmauer, bietet Erholung pur (S. 107) .

32 Min.

3

SON SERRA DE MARINA 1 TAG

Ruhiger und abseits der ausgetretenen Pfade ist **Son Serra de Marina** (S. 112) bei Surfern, Windsurfern und Kitesurfern populär. Es ist auch ein beliebtes Reitsportzentrum. Dieser wunderschöne Küstenabschnitt fasziniert.

59 Min.

GIOVANNI G/SHUTTERSTOCK ©, LUNAMARINA/SHUTTERSTOCK ©, TRABANTOS/SHUTTERSTOCK ©

4

SANTANYÍ 2–3 TAGE

Für alle, die Höhlen erkunden, schnorcheln oder Jetski fahren wollen, ist **Santanyí** (S. 148) ideal. Es sind Tauchausflüge zur nahe gelegenen Illa de Cabrera im Angebot. Santanyí verfügt über attraktive Restaurants und schöne Unterkünfte. Ganz in der Nähe liegt der Naturpark Mondragó (Foto oben), der für SUP-, Kajak- und Wandermöglichkeiten bekannt ist.

52 Min.

5

PALMA 2–3 TAGE

Warum nicht die Reise verlängern und **Palma** (S. 42) hinzufügen? Erkunde die Badia de Palma mit dem Leihrad, melde dich bei einer Segelschule an, verbringe den Tag mit Ziplining oder geh mit den Kindern in einen Aquapark. Lass lokale Unternehmen wie Món d'Aventura oder Rock & Ride Mallorca deine Kletter-, Canyoning-, Reit- und Coasteering-Ausflüge organisieren.

Cala Santanyí (S. 148)

BESTE REISEZEIT

Palma ist das ganze Jahr über einen Besuch wert. Der Rest der Insel lässt sich am besten im Frühling, Sommer oder im Herbst erkunden.

Wenn im Frühling die Mandelbäume und die Wildblumen blühen, ist es Zeit für Wanderungen und Radtouren, den Carnaval oder die Prozessionen der Semana Santa (Karwoche). Der Sommer steht ganz im Zeichen von faulen Tagen am Strand und von Musikfestivals, Open-Air-Kinos und Feierlichkeiten wie der Festa de la Verge del Carme (auch: Fiesta de la Virgen del Carmen; 16. Juli). Im Herbst ist Erntezeit, dann feiert die Festa des Vermar die Weinlese. Der Frühherbst ist immer noch zum Schwimmen und für Wassersport geeignet. Im Winter zeigt sich die Insel von einer ruhigeren, kühleren Seite: Palma erstrahlt im Lichterglanz und die Weihnachtsmärkte säumen den Passeig d'es Born. Am 5. Januar finden auf der ganzen Insel Dreikönigsumzüge statt. Palma beginnt das Jahr mit dem Stadtfest Sant Sebastià inklusive Feuerwerk und Livemusik.

Kleines Budget?

Die besten Angebote gibt's in der Neben- oder Zwischensaison. Für Ostern und den Sommer sollte man weit im Voraus buchen.

LOCAL TIPP

STARKE VERBINDUNG

Carmen R. Huidobro gründete españolita.net, um ihren Kindern ihre Heimat näherzubringen.
@espanolita_net

„Ich liebe es, auf Mallorca zu leben, weil hier einzigartige Traditionen bewahrt werden. Die Insel ist voller magischer Orte, die ich immer wieder neu entdecke. Hier gibt es einen tiefen Respekt vor der Natur und den Jahreszeiten. Meine Verbindung zu Spanien ist auf der Insel am stärksten. Im Meer und in der Natur spüre ich Nostalgie. Und ich versuche, das in den Retreats und Residencies mithilfe von Españolita zu vermitteln."

Blühende Mandelbäume

DER WIND

In den Wintermonaten ziehen Mistral (Nordwest) und Tramontana (Nord) über die Insel. Und ab März beginnen Thermalwinde zu wehen, deswegen ist die Insel bei Kitesurfern beliebt. Die Temperaturen schwanken zwischen 10 °C und 15 °C im Winter und erreichen in den Sommermonaten Höchstwerte um die 40 °C.

Reisewetter

JANUAR	FEBRUAR	MÄRZ	APRIL	MAI	JUNI
Ø-Temp. Max: **15 °C**	Ø-Temp. Max: **15 °C**	Ø-Temp. Max: **18 °C**	Ø-Temp. Max: **20 °C**	Ø-Temp. Max: **24 °C**	Ø-Temp. Max: **28 °C**
Regentage: 5	Regentage: 5	Regentage: 5	Regentage: 5	Regentage: 4	Regentage: 2

IM HERZEN DES MITTELMEERS

Die größte der Balearischen Inseln hat eine abwechslungsreiche Landschaft. Sie reicht von Bergen über Pinienwälder, Mandel- und Olivenhaine bis hin zu geschützten Buchten an der 550 km langen Küste. Das sorgt für ein Klima mit milden Wintern und heißen Sommern. Im Norden ist es kühler und feuchter, vor allem im Winter.

Die wichtigsten Feste

In Palma wird das Stadtfest **Festes de Sant Sebastià** ausgelassen mit Feuerwerk, Paraden, Livemusik und Strandpartys gefeiert. Im Februar findet auf der Insel der *carnaval* mit Umzügen, Kostümen und geschmückten Festwagen statt. In Sa Rua in Palma gibt es auch eine Version für Kinder namens **Sa Rueta**. **Jan./Feb.**

Palma bereitet sich auf die Feierlichkeiten der **Nit de Sant Joan** (S. 54) vor, mit *correfoc* (Feuerlauf), Strandpartys und Livemusik. **23. Juni**

Die **Semana Santa** wird auf der ganzen Insel mit Prozessionen am Gründonnerstag und Karfreitag gefeiert. In Pollença gibt es eine Fackelzeremonie auf den Calvari-Treppen (S. 102). In Palma nehmen etwa 5000 Menschen an der Semana-Santa-Prozession teil. **Karwoche im März/April**

Im Inselinneren wird die Weinlese mit der **Festa des Vermar** gefeiert und in Binissalem (S. 123) findet im Rahmen der Feierlichkeiten eine große Traubenschlacht statt. **Ende Sept.**

Lokale Feste & Festivals

Ein wichtiges Event in Port de Sóller ist **Es Firó** (S. 77), wo an den heldenhaften Widerstand der Bevölkerung, unter Führung der sogenannten Tapferen Frauen, gegen die angreifenden Sarazenen 1561 erinnert wird. Große Menschenmengen versammeln sich in Kostümen und stellen die Schlacht nach. **2. Sonntag im Mai**

Ein ähnliches Event namens **Festes de la Patrona** (S. 102) findet in Pollença mit einer nachgestellten Schlacht während der einwöchigen Feierlichkeiten statt. **Aug.**

Der **Dia de Virgen del Carmen** ist ein stimmungsvolles Fest. Zu Ehren der Schutzpatronin der Seeleute und Fischer gibt es eine Prozession mit Marienstatue, Boote werden gesegnet und Fackeln entzündet. In Port de Sóller, Portocolom, Colònia de Sant Pere, Palma und anderen Häfen. **15./16. Juli**

LOCAL TIPP

SÓLLER

Xisca Coll ist in Sóller geboren und hat Immobiliara Xisca Coll gegründet.
@immobiliariaxixcacoll

„Sóller, eine Insel auf einer Insel, umgeben von Bergen, die aussehen, als hätte sie ein Maler geschaffen. Es vergeht kein Tag, an dem ich nicht staune und mich glücklich fühle, dass ich die Möglichkeit habe, die Berge zu erleben. Mein Vater hat mir die Namen aller Gipfel beigebracht. Wenn ich auf einem stehe, spüre ich dieses besondere Gefühl von Glück und Freiheit."

Sóller (S. 78)

DAS WETTER AUF MALLORCA

Der Oktober ist meist der feuchteste Monat, obwohl es Ende August häufig Gewitter gibt. Juni und Juli sind die trockensten Monate. Im Juli gibt es durchschnittlich 346 Sonnenstunden, aber die Meeresbrise kühlt die Insel ab.

JULI	AUGUST	SEPTEMBER	OKTOBER	NOVEMBER	DEZEMBER
Ø-Temp. Max: **32 °C**	Ø-Temp. Max: **32 °C**	Ø-Temp. Max: **27 °C**	Ø-Temp. Max: **25 °C**	Ø-Temp. Max: **19 °C**	Ø-Temp. Max: **16 °C**
Regentage: 1	Regentage: 2	Regentage: 4	Regentage: 6	Regentage: 6	Regentage: 6

Camí de S'Arxiduc (S. 95), Valldemossa

BESTENS VORBEREITET AUF MALLORCA

Nützliches zum Vorbereiten und Einstimmen.

Kleidung

Schichten: Mit durchschnittlich 300 Sonnentagen im Jahr ist Mallorca für sein mildes Klima bekannt. Die Abende im Frühling und Herbst können jedoch kühler (und an der Küste windig) sein. Und im Winter fällt in den Bergen manchmal etwas Schnee. Im August und September sind Gewitter und Regenschauer möglich, der Oktober ist normalerweise der regenreichste Monat. Im März und April kann es zu Regenschauern kommen. Beim Wandern sind schützende Schichten für die höheren Lagen unerlässlich.

Schuhwerk: Wanderschuhe sind ein Muss für jede Bergwanderung. Bequeme flache Sandalen oder Schuhe sind am besten für die gepflasterten, manchmal steilen Dorfstraßen der Insel geeignet.

Kopfbedeckung: Pack einen Hut ein, um dich vor der Sonne zu schützen.

Etikette

Grüß und bedank dich auf Mallorquín (vor allem abseits der Touristenzentren), dann wirst du mit einem Lächeln belohnt.

Es sieht zwar nicht aus wie eine Warteschlange in der Bank, im Geschäft oder im Restaurant, aber das System funktioniert. Frag nach, wer vor dir als Letztes ankam. Übe dich in Geduld.

Kleide dich angemessen. Im Zentrum von Palma ist Strandkleidung nicht passend.

LESEN

Wild Olives: Life in Majorca with Robert Graves (William Graves) Ausgezeichneter Bericht über eine Kindheit in Deià mit einem berühmten Vater.

Im Tal der Orangen: Mein Winter auf Mallorca (Peter Kerr) Humorvolle Erinnerungen an das Inselleben.

Mañana, mañana: Mein Sommer auf Mallorca (Peter Kerr) Noch mehr Inselabenteuer.

A Lizard in My Luggage (Anna Nicholas) Ein Titel aus einer Reihe charmanter mallorquinischer Memoiren.

Sprechen

Auf der Insel werden zwei Sprachen gesprochen: Spanisch *(castellano)* und Mallorquinisch *(mallorquí/n)*. Während Spanisch vor allem in den Touristenzentren vorherrscht, ist Mallorquín die Sprache der Inselbewohner.

MALLORQUINISCH

Hallo! *Bon dia* (Bon di-a), was ‚Guten Tag', oder *hola* (ola), was ‚hallo' bedeutet.
Guten Abend! *Bona tarda* (bo-a tard) Für die Zeit nach 15 Uhr.
Wie geht's? *Uép, com anam? Uép* (uh-ep) ist sehr gebräuchlich, als Füllwort wie ‚nun' oder ‚oh' oder ‚hi'. *Com anam?* bedeutet ‚Wie geht's?' Die typische Antwort ist *Bé, tot bé* (Gut, alles gut).
bitte *per favor*
danke *gràcis*
ja *sí*
nein *no*
Gern geschehen! *De res*
Tschüss! *Adèu* (ade-u)/*Fins un altra!* Bedeutet ‚bis bald/später'.
Das da! *Això* (äch-o) ist eines der nützlichsten Wörter und bedeutet ‚das Ding/das da'. Du kannst also auf das zeigen, was du gerne sehen/kaufen möchtest, und wenn du nicht weißt, wie es heißt, sag einfach *això, per favor.*

SPANISCH

Hallo! *Hola*
Guten Tag! *Buenos días*
Wie geht's? *Qué tal*? Oder *Cómo estás?* Die Antwort darauf ist *bien* (gut) oder *muy bien* (sehr gut).
bitte *por favor*
danke *gracias*
ja *sí*
no *no*
Gern geschehen! *De nada*
Tschüss! *Adiós/Hasta luego* (bis später/bald)

ANSCHAUEN

The Mallorca Files Die Britin Miranda Blake und der Deutsche Max Winter bilden ein Ermittler-Duo und lösen für die Polizei von Palma Verbrechen auf der Insel (ZDF-Mediathek).

The Night Manager TV-Adaption des Romans von John Le Carré mit Starbesetzung. Es gibt Szenen in Deià, Port de Sóller, Palma und Pollença.

Der König von Palma Die RTL-Dramaserie thematisiert den Tourismus-Boom auf Mallorca nach dem Mauerfall; mit Hennig Baum in der Hauptrolle.

ANHÖREN

Inselradio Mallorca Das Lokalradio präsentiert alles rund um Mallorca in deutscher Sprache.

Majorca Mallorca Podcast mit Nachrichten, Kultur und Events (engl.).

Authors in Mallorca In dem Podcast führt Autor Jan Edwards Interviews mit Schriftsteller:innen, die auf oder über Mallorca schreiben (engl.).

Terra Secreta (Maria del Mar Bonet) Renommierte Folk-Singer-Songwriterin aus Palma mit einer beachtlichen internationalen Musikkarriere.

FANFO/SHUTTERSTOCK ©

Tumbet

ESSEN WIE DIE LOCALS

Mallorcas Gastroszene reicht von innovativen Sternerestaurants bis zum rustikalen *celler* mit lokalen Produkten.

Mallorca bietet etwas für jeden Geschmack. Die Insel ist international und weltoffen, gleichzeitig aber auch lokal und traditionell. Diejenigen, die auf der Suche nach vegetarischen, veganen, gluten-, laktose- oder milchfreien Optionen sind, werden über die große Auswahl überrascht sein. Das gilt besonders für Palma. Für diejenigen, die traditionelle Gerichte bevorzugen, gibt es auf der Insel viele typische Lokale, die frischen Fisch *(cap roig, gallo* und *moll)* und deftige Fleischgerichte (z. B. Eintöpfe, Suppen, *frito mallorquín)* servieren.

Für die Inselbevölkerung sind Mahlzeiten oft eine Gelegenheit, Zeit mit Familie und Freundeskreis zu verbringen. Essen dient dem Genuss. Die Insel ist voll von fantastischen Lebensmittelmärkten, gemütlichen kleinen Feinkostläden und einigen ausgezeichneten Weingütern. In den wärmeren Monaten ist es üblich, im Freien zu speisen, und das bis spät in die Nacht. Egal, ob du auf der Suche nach Tapas oder Sterneküche bist, du wirst mit Sicherheit Restaurants finden, die zu dir passen.

Klassisch mallorquinisch

Um die traditionelle Küche kennenzulernen, besuche das zauberhafte Es Guix, den Celler Sa Premsa in Palma oder die *celler*-Restaurants von Inca. Besonders gemütlich ist es in den Wintermonaten in den Kellergewölben, wenn du inmitten von Fässern und neben einem Feuer sitzt und herzhafte Gerichte mit heimischen Weinen genießt.

Santi Taura, einer der beliebtesten Köche der Insel, hat eine tägliche Kochsendung im Lokalfernsehen, in der er mallorquinische Klassiker neu interpretiert. In seinem mit einem Michelin-Stern ausgezeichneten

Unbedingt probieren!

FRITO MALLORQUÍN
Herzhaftes Gericht aus gebratenem Fleisch, Kartoffeln, Paprika, Fenchel, Schnittlauch, Erbsen, manchmal Fisch.

ARRÒS BRUT
„Schmutziger Reis", ein herzhaftes Gericht aus Reis, *botifarró, sobrassada,* Pilzen und Gemüse.

ENSAÏMADA
Plunderteigschnecke mit Puderzucker, oft zum Frühstück mit einem *cafè amb llet* (Milchkaffee) serviert.

Restaurant DINS Santi Taura kannst du dich selbst davon überzeugen.

Auf der Insel gedeihen Trauben prächtig. Deshalb gibt es viele Weingüter, die auch Gäste empfangen, besonders rund um Binissalem. Oder mach es wie die Mallorquiner. *Ir de tapeo* heißt: Man geht von Bar zu Bar, probiert Tapas oder *pintxos* und genießt dazu einheimischen Wein.

Vegetarisch & Vegan

Da es auf der Insel viel frisches Obst und Gemüse gibt, kommen Personen, die sich vegan oder vegetarisch ernähren, voll auf ihre Kosten. Vor allem in Palma, Santanyí und Sóller gibt es zahlreiche Lokale. In Palma sind zu empfehlen: Ca n'Ela in der Nähe der Kathedrale, Temple Natura Café Garden, Plaer Natural, La Mujer de Verde (Santa Catalina), Mama Carmen's und Mama Carmen's Coffee & Bakery sowie Santosha. In Santanyí gibt es den schönen Grà Irish Gastropub (vegetarisch, vegan und glutenfrei). In Sóller bietet Re:Organic viele Optionen in einem schönen schattigen Innenhof.

Fischrestaurants

Wie nicht anders zu erwarten, ist Fisch ein fester Bestandteil der Inselküche. In Port de Sóller gibt es viele ausgezeichnete Fischrestaurants mit herrlichem Blick auf das Wasser. Das Can Eduardo in Palma, das über einem Fischmarkt liegt, ist eine beliebte Wahl. Im Ca's Patro March in Deià lässt sich wunderschön am Wasser essen (vorher reservieren). Außerdem gibt es überall *chiringuitos* (Strandcafés) und Beachclubs, in denen man entspannt am Strand speist. Das Ponderosa am Strand von Muro ist bei Einheimischen und Tourist:innen gleichermaßen sehr beliebt. Wenn du ein ganz bestimmtes Restaurant besuchen möchtest, solltest du rechtzeitig reservieren, vor allem im Sommer.

Festa des Vermar (S. 123), Binissalem

FOOD- & WEINFESTIVALS

Fira de la Taronja *(Juni)* In Sóller, Port de Sóller und Fornalutx findet das Orangen- und Zitronenfest mit Essensständen, Handwerksworkshops, Musik und Partystimmung statt.

Festa des Vermar *(September)* Beim Weinlesefest in Binissalem (S. 123) gibt es Wettbewerbe im Traubenquetschen, Umzüge, einen *correfoc* (Feuerlauf; Foto oben) und eine große Traubenschlacht.

Fira Dolç *(Oktober)* Die Fira Dolç in Esporles (S. 87) ist ein beliebtes Fest für alles Süße. Stände mit mallorquinischen Backwaren und Leckereien säumen die Dorfstraßen.

Fira de s'Oliva *(November)* Das Fest in Caimari feiert das Olivenöl.

La Fira de l'Esclata-sang *(November)* Dieses Fest zu Ehren der Pilze findet in dem kleinen Dorf Manacor de la Vall statt: Feuerwerk, Essensstände, Tanz und Musik, Lagerfeuer und eine Parade.

Gegrillter Oktopus

SOBRASSADA Gepökelte Streichwurst; sie wird auch in mallorquinischen Gerichten verwendet.

TUMBET Gebratene Paprika, Auberginen und Kartoffeln in Tomatensoße, mit Fleisch oder Spiegeleiern.

COCA MALLORQUINA Mallorquinische Pizza bzw. Gemüsekuchen; *coca de trampó* ist populär.

CARQUINYOLIS Knuspriges Mandelgebäck.

EMPANADES Herzhafte Pasteten, typischerweise mit Lamm, Schwein, Huhn oder *sobrassada.*

Lokale Spezialitäten

Nur Mut!

Frito mallorquín: Schmackhaftes gebratenes Lammfleisch, Kartoffeln, Leber, rote Paprika, Erbsen, Fenchel und Gewürze, manchmal auch mit Fisch.
Botifarró: Blutwurst.
Arròs brut: „Schmutziger Reis“, benannt nach der Farbe des Gerichts, das mit Schweinefleisch, Kaninchen und Gemüse zubereitet wird.
Caragols: Schnecken in einer Brühe aus Knoblauch, Fenchel und Chili, die normalerweise mit Aioli serviert werden.

Streetfood

Lokale Produkte finden sich auf den vielen Lebensmittelmärkten auf der Insel. In Palma bieten der Mercat de l'Olivar, der Mercat de Santa Catalina und der Mercat 1930 Frisches und Streetfood.

Arròs brut

GESCHMACKS-ERLEBNISSE

Du hast die Wahl zwischen neun Restaurants auf der Insel, die mit einem Michelin-Stern ausgezeichnet wurden: **Adrián Quetglas**, **Andreu Genestra**, **Béns d'Avall**, **DINS**, **Es Fum**, **Andana**, **Marc Fosh**, **VORO** und **Zaranda**.

Ein unvergessliches Erlebnis ist ein Besuch in **Sa Foradada** (S. 88; hinwandern oder mit dem Boot zur Bucht fahren und hinaufklettern), wo man Paella nebst einer tollen Aussicht genießt. Alternativ lockt das rustikale **Es Verger** (S. 90) mit einem vorzüglichen Lammbraten. Das Lokal liegt zwischen Alaró und der Festung auf dem Berggipfel.

SAISONALE KÜCHE

FRÜHLING

Wenn die Obstbäume und die Mandelbäume in voller Blüte stehen, ist es Zeit, Zitronen und Aprikosen zu pflücken. Wilder Spargel taucht auf und *espàrrecs* (Spargel) und *caragols* (Schnecken) stehen auf den Speisekarten.

SOMMER

Das ist die Jahreszeit für frische Feigen, Salate, Obst, Oliven und Käse (*formatge mallorquí* probieren). Tagsüber ist es zu heiß zum Kochen, am besten am Strand picknicken. Abends im Freien essen.

HERBST

Zeit für die Wein-, Mandel- und Olivenernte und fürs Pilzesammeln (*esclatasang*). Besuche die Festa des Vermar in Binissalem, um an der Traubenschlacht teilzunehmen. Die Granatäpfel sind fast reif.

WINTER

Jetzt ist Zeit für deftige Gerichte: *lechona asada* (Spanferkelbraten), *sobrassada* (luftgetrocknete Streichwurst) und *arròs brut;* Suppen und Eintöpfe sind besonders angesagt.

Wein von Es Verger (S. 90)

WIE ... wär's mit einer Weinbergtour?

Im Inselinneren kannst du wunderschöne Weinberge entdecken und an einer Tour durch die Weingüter teilnehmen, um so die lokalen mallorquinischen Weine zu probieren. In einer anderen Region, um Binissalem, gibt es eine Reihe von bekannten *bodegas*, die ebenfalls Qualitätsweine herstellen.

Terrassen & Reben

Im Küstenort Banyalbufar wachsen die Reben auf schmalen Terrassen. Diese Gegend ist bekannt für die Rebsorte Malvasia.

Kenne deine Weine

Frag nach *vino tinto* für Rotwein und *vino blanco* für Weißwein.

Weinfeste

Jedes Jahr im Herbst wird in Binissalem die Weinlese mit der ausgelassenen Festa des Vermar gefeiert – inklusive Traubenquetschen, Traubenschlacht und Ausgelassenheit.

Weinfässer bei Bodegas Macià Batle

DIE BESTEN WEINGÜTER IM INSELINNEREN

Bodegas Macià Batle in Santa María del Camí ist ein etabliertes Weingut mit Touren und Verkostungen. **Y Ramanyà** ist kleiner, liegt aber ebenfalls in Santa María. Eine Tour und ein kleines Museum geben Auskunft zur Geschichte des Weinanbaus.

In Binissalem befindet sich das preisgekrönte Weingut **José Luis Ferrer,** das für seine Qualitätsweine und den größten Weinkeller der Insel bekannt ist. In einem nahe gelegenen Weiler ist die preisgekrönte **Bodega Biniagual** mit ökologischem Ansatz zu Hause. Sie besteht aus 14 Häusern, einem Weingut, einer Kapelle und einer Vinoteca. Ebenfalls unweit von Binissalem liegt der **Celler Tianna Negre,** der einen umweltbewussten Weg einschlägt – er nutzt Sonnenkollektoren und Sickerwasser zur Bewässerung. Er ist außerdem für seine Rotweine Ses Nines und Randemar bekannt.

KOVOP58/SHUTTERSTOCK ©

Radfahren, Alcúdia (S. 107)

OUTDOOR-ERLEBNISSE

Mallorca hat mit seiner wunderschönen Küste und seinem bergigen Hinterland für jeden etwas zu bieten. Es ist ein Paradies für Rad-, Wander-, Golf-, Tennis- und Wassersportfans.

Dank seiner 554 km langen Küste und dem Gebirge Serra de Tramuntana, das zum UNESCO-Weltnaturerbe gehört, bietet Mallorca eine Vielzahl an Outdoor-Aktivitäten. Während Golf und Tennis auf der Insel schon lange eine große Rolle spielen (immerhin ist hier der Tennisstar Rafael Nadal zu Hause), ist die Insel inzwischen auch bei Radfahrenden sehr beliebt. Die kurvenreichen Bergstraßen mit ihren schwindelerregenden Aussichten ziehen erfahrene Adrenalinjunkies an. Wanderende haben die Qual der Wahl zwischen gut markierten Bergrouten und Wegen durch die Wälder oder entlang der Küste. Wer Lust auf Coasteering, Canyoning oder Klettern hat, findet lokale Abenteuer-Anbieter. Kitesurfen, Windsurfen, Tauchen und Segeln sind ebenfalls möglich, ebenso wie Reiten in der schönen mallorquinischen Landschaft.

Radfahren

Von waghalsigen Hochgeschwindigkeitsabfahrten bis hin zu sanften Radtouren – hier gibt es Zweirad-Abenteuer für alle Niveaus. Dank des abwechslungsreichen Terrains und des verlässlichen Klimas ist die Insel als Trainingsort bei Profis beliebt. Port de Pollença und Alcúdia sind hervorragende Ausgangspunkte für eine Radtour. Anspruchsvolle, lohnende Routen führen nach Sa Calobra, zum Cap de Formentor und auf den Puig Major.

Outdoor-Sport

COASTEERING
Schwimm, spring, klettere an der Küste entlang, entdecke Wasserfälle und Höhlen mit **Més Aventura** (S. 149) oder **Experience Mallorca** (S. 136).

TAUCHEN
Erkunde Schiffswracks, tauche im türkisfarbenen Wasser oder genieße eine Schnorcheltour mit **Scuba Mallorca** (S. 102) oder **Big Blue Diving** (S. 71).

VOGELBEOBACHTUNG
Parc Natural de S'Albufera (S. 112) ist der ideale Ort, um die Tierwelt in den Feuchtgebieten zu erkunden.

FAMILIEN-ABENTEUER

Genieße ein **Reitcamp** (S. 86) in La Gubia; schwing dich in den Sattel und erkunde die Tramuntana-Pfade.

Die Kinder sind verrückt nach den **Aquaparks** (S. 71, 109) der Insel.

Leih dir ein Rad und **radle auf der Strandpromenade** (S. 70) um die Badia de Palma mit Stopps an den Stränden.

Erkunde einige von Mallorcas magischen Höhlen – **Coves del Drac** (S. 141) ist die bekannteste, aber auch die **Coves de Génova** (S. 71) und die Artà-Höhlen sind einen Besuch wert.

Ziplining und Klettern machen immer Spaß. **Junior Jungle Parc** (S. 71) ist ideal für jüngere Kids, für ältere bietet **Forestal Park** Mallorcas längste Zipline.

Die Kleinen möchten gerne Surfen lernen? Die **Surfschule Bonaona** (S. 65) bietet **Surfen, SUP, Skateboards** und mehr.

Wandern

In den kühleren Frühlings- und Herbstmonaten bieten sich Hunderte Wanderrouten für alle Erfahrungsstufen an. Sóller, umgeben vom Tramuntana-Gebirge, ist ein beliebter Ausgangspunkt für Wandernde – mit einer großen Auswahl an leichten und anspruchsvollen Routen durch eine atemberaubende Landschaft. Die fünfstündige Wanderung von Escorca durch die Schlucht Torrent de Pareis ist herausfordernd durch die zahlreichen Kletterpassagen. Der Rundweg vom Kloster Lluc zum Puig de Massanella dauert acht Stunden und bietet spektakuläre Ausblicke von einem der höchsten Punkte der Insel. Herrliche Ausblicke aufs Meer und die Orangen- und Olivenhaine erwarten diejenigen, die dem Trockenmauerweg GR221 folgen. Dieser Fernwanderweg kann in kleinere Abschnitte unterteilt werden. Berghütten entlang des Wegs bieten einfache Übernachtungsmöglichkeiten. Eine leichtere Wanderung auf mittlerem Niveau ist die zum Castell d'Alaró. Die stimmungsvolle Burgruine, die aus der Zeit der Mauren stammt und im 15. Jh. erneut aufgebaut wurde, bietet einen Panoramablick auf das Tal, das Meer und die Berge. Von Estellencs zum Puig de Galatzó führt eine weitere reizvolle Route (2 Std., einfach).

BEST OF

Die besten Outdoor-Spots und Routen gibt's auf der Karte auf S. 38.

Sa Calobra (S. 81)

Segeln

Die geschützten Häfen, die felsige Küste und die guten Segelbedingungen ziehen Segelbegeisterte aus aller Welt an. Der Real Club Náutico de Palma organisiert während der Segelsaison zahlreiche Regatten und Events. Der Trofeo Princesa Sofía gilt als Probelauf für die Olympischen Spiele. Weitere Veranstaltungen sind die beliebte Copa del Rey und die Regatta Superyacht Cup im Juni. Es gibt mehrere Segelschulen in Palma oder Alcúdia. Die National Sailing School in Port Calanova hat ein breites Angebot an Anfängerkursen.

KLETTERN

In Gegenden wie **Sa Gubia** (S. 78) gibt es eine Vielzahl von anspruchsvollen Klettermöglichkeiten mit spektakulären Panoramablicken.

KLIPPENSPRINGEN

Wenn du weißt, was du tust, sind Orte wie **Cala Varques** (S. 141) für diesen Adrenalinsport ideal. Folge einem erfahrenen Guide. Pass auf dich auf.

PARAGLIDEN

Heb mit einem Gleitschirm in **Alcúdia** (S. 107) oder in einem Heißluftballon am frühen Morgen in die Lüfte ab.

INLINESKATEN

Beliebt an der langen Strandpromenade von **Badia de Palma** (S. 70); besorg dir deine Skates bei RollandRoll, Devil Skate Shop oder Isliders.

ACTION AREAS

Die besten Outdoor-Erlebnisse auf Mallorca.

Radfahren

1. Badia de Palma (Radweg, S. 70)
2. Coll d'Honor-Tour (S. 122)
3. Naturpark Llevant (S. 136)
4. Sa Calobra (S. 90)
5. Cap de Formentor (S. 104)

Wandern

1. Torrent de Pareis – durch die Schlucht (S. 37)
2. Illa de Cabrera (S. 156)
3. La Trapa – Rundwanderweg (S. 94)
4. Von Sóller nach Cala Deià (S. 78)
5. GR221 Trockenmauerroute (von Andratx nach Pollença, S. 95)

Segeln

1. Palma (S. 59)
2. Port Calanova (S. 59)
3. Port d'Alcúdia (S. 109)
4. Port de Pollença (S. 104)

Bergsteigen

1. S'estret, nahe Valldemossa (S. 84)
2. Sa Gubia (S. 78)
3. Puig de Garrafa, nahe Andratx (S. 91)
4. Cala Serena, Cala d'Or (S. 154)
5. Cova del Diablo, Porto Cristo (S. 141)

Schnorcheln & Tauchen

1. Cala Santanyí (S. 149)
2. Port de Sóller (S. 78)
3. Platje de Mago (S. 91)
4. Sant Elm (S. 91)
5. Port d'Alcúdia (S. 109)

MALLORCA

REISEZIELE

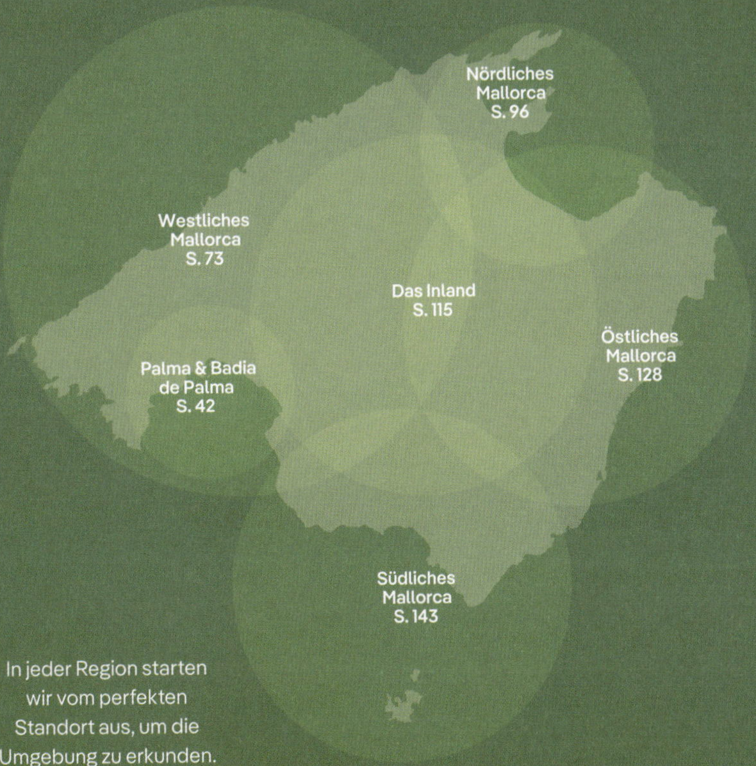

In jeder Region starten wir vom perfekten Standort aus, um die Umgebung zu erkunden. Unsere Autor:innen und Expert:innen teilen ihre einzigartigen Erlebnisse, Tipps, Hintergründe und Empfehlungen.

Es Pontàs (S. 143)

PALMA & BADIA DE PALMA

IM HERZEN DES MITTELMEERS

Die kosmopolitische Stadt am Meer ist umgeben von herrlicher Natur und zieht durch ihre Architektur, Kunst und Kultur viele Menschen aus aller Welt an.

Als die Römer auf Mallorca landeten, stießen sie auf talayotische Siedlungen. Sie gründeten die Stadt Palma, die später in die Hände von Vandalen, Byzantinern, Mauren und Christen fiel und lange Zeit als ein Knotenpunkt im Mittelmeerraum galt. Das spiegelt sich bis heute in ihrer vielfältigen Architektur, Kultur, Kulinarik und in der Sprache wider.

MISTERVLAD/SHUTTERSTOCK ©

Die imposanten Stadtmauern, die bemerkenswerte gotische Kathedrale und der prächtige Königspalast – sie prägen die Skyline der Stadt. Das Gassenlabyrinth der Altstadt besteht aus Häusern in gedeckten Ocker-, Rot- und Sandtönen mit schmiedeeisernen Balkongeländern und grünen Fensterläden. In ihren schattigen Innenhöfen blühen Blumen. Die Straßen sind gesäumt von Buchläden, Galerien, Antiquitätengeschäften, Boutiquen und Cafés. Sie münden in baumbestandenen Plätzen.

Palmas Restaurantszene ist erstklassig und das Nachtleben lebendig. Dies ist eine Stadt der Kultur mit Ausstellungen, Theatern, Oper, Buchmesse und einem hochkarätigen Filmfestival. Das ganze Jahr feiern die Einheimischen das Inselleben mit ihren Festen.

An der herrlichen Badia de Palma liegen der Hafen und die Marinas der Stadt. Große Segelregatten ziehen von Frühjahr bis Herbst viele Menschen an. Vornehme Wohnanlagen stehen Seite an Seite mit den typischen Strandresorts an der Badia. Palma wird eingerahmt durch das grüne Tramuntana-Gebirge im Norden und das glitzernde Mittelmeer im Süden.

Trotz einer Einwohnerzahl von 477.000 – die in der Sommersaison weiter anschwillt, wenn die Tourist:innen auf die Insel strömen – fühlt sich Palma noch immer relativ klein an und lässt sich recht leicht erkunden.

DIE HAUPTREGIONEN

ZENTRUM VON PALMA
Historische Altstadt.
S. 48

SANTA CATALINA
Angesagtes ehemaliges Seemannsviertel.
S. 60

BADIA DE PALMA
Weitläufige Bucht am Stadtrand.
S. 65

BALATE DORIN/SHUTTERSTOCK ©

La Seu (S. 49)

METRO & ZUG

Palmas U-Bahn bedient acht Haltestellen in der Stadt. Züge fahren vom Hauptbahnhof zu verschiedenen Punkten auf der Insel. Am kleineren Bahnhof startet der Nostalgie-Zug nach Sóller. Er fährt ein paar Mal am Tag durch die Bergtunnel gen Norden. Fahr- und Streckenpläne finden sich unter tib.org.

ZU FUSS

Palma lässt sich wunderbar zu Fuß erkunden. Bequeme Schuhe sind für die kopfsteingepflasterten Straßen Pflicht. Verliere dich im Gassengewirr der Altstadt oder in Santa Catalina – und du wirst wunderbare Meerblicke genießen und faszinierende Gebäude entdecken.

BUS

Um zu den Resorts oder in die Orte am Stadtrand von Palma zu gelangen, bietet sich der Bus an. Es gibt ein gutes Stadtbusnetz. Routen und Fahrpläne finden sich unter tib.org.

Erste Orientierung

Palma ist relativ einfach zu Fuß zu erkunden. Als Orientierungspunkte dienen das Meer im Süden, die Kathedrale, die das Stadtbild dominiert, und die Hauptverkehrsstraßen La Rambla, Passeig d'es Born und Avinguda de Jaume III.

VOM FLUGHAFEN

Vom Taxistand ins Zentrum ist es nicht weit (8 km). Die Fahrt kostet etwa 20 €. An Wochenenden und nachts steigen die Preise. Die Buslinie 1 fährt alle 15 Minuten vom/zum Flughafen. Für das Ticket ist Bargeld nötig. Im Flughafen bieten mehrere Autovermieter ihre Dienste an.

Perfekte Tage

Erkunde die Altstadtgassen, shoppe auf dem Passeig d'es Born, genieße ein Mittagessen am Meer und verbringe den Nachmittag in Kunstgalerien und Museen. Die Abende gehören dem trendigen Santa Catalina.

TRABANTOS/SHUTTERSTOCK ©

Passeig d'es Born

TAG 1

Morgens

- Bevor du die gotische **Kathedrale La Seu** (S. 49) und den benachbarten **Palau de l'Almudaina** (S. 48) besuchst, solltest du dich in einem der Cafés am **Passeig d'es Born** mit einem *café amb llet* (Milchkaffee) und einer *ensaïmada* (Schmalzgebäck) stärken. Leg danach eine Pause im **Jardí del Bisbe** (S. 52) ein.

Nachmittags

- Nach dem Lunch besichtigst du **Els Banys Àrabs** (S. 48) und das nahe **Museu de Mallorca** (S. 52). Schlendere durch die **Altstadt** (S. 52), stöbere in den Läden und erkunde die begrünten Innenhöfe.

Abends

- Spaziere entlang der Stadtmauer **Dalt Murada** (S. 52), genieße dabei den Blick auf den Hafen bei Sonnenuntergang, bevor du in einem von Palmas fabelhaften **Restaurants** einkehrst (S. 55).

NICHT VERPASSEN!

Erfahre mehr über Palmas Geschichte bei einem Besuch des Castell de Bellver, entspanne dich in einem Garten oder schwimme mit Haien im Aquarium.

CASTELL DE BELLVER ERKUNDEN

Tauche ab in die Vergangenheit bei einem Besuch der **Festung.**

EINEN BOOTSTRIP UNTERNEHMEN

Bewundere die Insel vom Mittelmeer aus bei einem **Bootsausflug** in der Badia.

DAS AQUARIUM BESUCHEN

Bestaune die Fische im **Palma Aquarium,** das sich stark für den Meeresschutz einsetzt.

ROLF E STAERK/SHUTTERSTOCK ©, MICKES PHOTOS/SHUTTERSTOCK ©, DAN RATA/SHUTTERSTOCK ©

TAG 2

Morgens

- Erkunde die **Märkte** (S. 58) von Palma – den Mercat de l'Olivar in der Nähe der Plaça de Espanya oder den Markt in Santa Catalina. Dort gibt's frische Lebensmittel und lokale Produkte in stimmungsvoller Umgebung. Wirf in der **Kunstgalerie Es Baluard** (S. 53) einen Blick auf zeitgenössische Kunst.

Nachmittags

- In der **Fundació Miró Mallorca** (S. 53) bewunderst du die Kunstsammlung und das Atelier des Malers. Begib dich in einen der **Strandclubs** (S. 69) – Purobeach oder Balneario Illetes – und iss in der hübschen Bucht zu Mittag.

Abends

- Zurück in Santa Catalina erwarten dich die beliebten Restaurants des ehemaligen Seemannsviertels. Auf dem **Passeig Marítim** (S. 57) steigt das Nachtleben, im **Auditòrium** (S. 53) finden Konzerte statt.

TAG 3

Morgens

- Beginne den Tag mit einem Spaziergang entlang der Promenade nach **Portixol** (S. 68), einem hübschen Hafen mit pastellfarbenen Fischerhäuschen. Nimm Segelunterricht oder iss zu Mittag im stilvollen **Portixol Boutique Hotel** (S. 69) oder in einem der Restaurants an der Strandpromenade.

Nachmittags

- Noch nicht genug vom Wassersport? Fahre weiter nach **Ca'n Pastilla** (S. 65). Verbringe dort einen Nachmittag am Strand mit Surfen oder Stehpaddeln. Oder geh auf **Souvenirjagd** in der Gegend um den **Passeig d'es Born** (S. 53).

Abends

- Genieße den Sonnenuntergang in einer der **Rooftop-Bars** (S. 56), spaziere den **Passeig d'es Born** entlang wie die Locals und lausche der **Livemusik** (S. 57) in Santa Catalina.

GÄRTEN GENIESSEN

Begib dich auf Spurensuche im maurischen Garten **S'Hort del Rei** mit seinen Wasserspielen.

AUF ZEITREISE GEHEN

Besuche das **Pueblo Español** mit seinen Repliken spanischer Gebäude und Wahrzeichen.

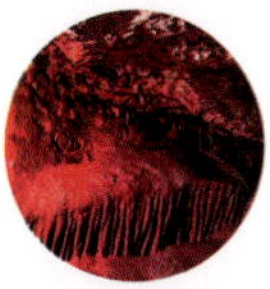

URALTE HÖHLEN ENTDECKEN

Erkunde die 1 km langen Kalksteingalerien tief unter der Erde in den **Cuevas de Génova.**

AUF DEM KÜSTENRADWEG RADELN

Leih dir ein Rad und fahr auf dem 16 km langen **Rad- und Skaterweg** rund um die Badia de Palma.

ZENTRUM VON PALMA

HISTORISCHE ALTSTADT

Das Herzstück von Palmas Zentrum ist die Altstadt, wo auch die berühmte Kathedrale La Seu steht. Die römische und byzantinische Vergangenheit der Stadt wird im Museu de Mallorca lebendig, die maurische dagegen in Els Banys Àrabs und im erhabenen Palau de l'Almudaina.

Spuren der Renaissance und des Barock finden sich an Gotteshäusern wie der Basilica de Sant Francesc und anderen Bauwerken wie dem Herrenhaus Can Balaguer. Aber auch zahlreiche Einflüsse des Modernisme sind zu erkennen.

Schlendere durch die engen Altstadtgassen und lausche dem Mix aus Mallorquí und Spanisch. Dieser Stadtbezirk ist kosmopolitisch, energiegeladen und kreativ. Er ist voll von Kunstgalerien, Bars, Einkaufsmöglichkeiten und Cafés.

Und es gibt ein reichhaltiges Kulturangebot aus Theater, Oper, Livemusik, Kunst, Festivals ...

TOP TIPP

Palma liegt am Meer und wird von der Dalt Murada (Stadtmauer) umrahmt. Die Altstadt umfasst die Stadtteile Sa Gerreria, Sa Portella und Sa Calatrava im Osten und Es Puig de Sant Pere im Westen. Die Hauptverkehrsstraßen Passeig d'es Born und La Rambla führen durch das Zentrum.

Palau de l'Almudaina

Palau de l'Almudaina

DER KÖNIGSPALAST

Der Königspalast ist eigentlich römischen Ursprungs. Er wurde von den Mauren zum Alcázar (befestigter Palast) ausgebaut und 1309 von König Jaume II. komplett umgebaut. Seit dem 14. Jh. wird er als königliche Residenz genutzt. Der Eingang liegt gegenüber der Kathedrale und führt ins Erdgeschoss mit mittelalterlichem Ambiente. Von der Terrasse aus bietet sich ein Blick auf die Bucht und die Berge. In den oberen Stockwerken befinden sich Verzierungen aus dem 17. bis 19. Jh. Besonders interessant ist die kleine Kapelle, die Capella de Sant'Anna. Tipp: Kaufe die Tickets online, um lange Warteschlangen zu vermeiden.

Els Banys Àrabs

ARABISCHE BÄDER

Das zur Zeit der Mauren erbaute Badehaus besteht aus Caldarium (heißes Bad) und Tepidarium (lauwarmes Bad). Es besitzt ein von Säulen getragenes Kuppeldach und war ein wichtiger Treffpunkt sowie ein Ort der Ruhe und Entspannung, was sich auch am friedlichen Hofgarten zeigt.

Els Banys Àrabs

Castell de Bellver

Castell de Bellver

GESCHICHTE HOCH AUF DEM HÜGEL

Die imposante Burg liegt auf einem bewaldeten Hügel 3 km westlich des Stadtzentrums von Palma mit Blick auf die Badia de Palma. König Jaume II. ließ sie zwischen 1309 und 1311 erbauen.

Es handelt sich um eine runde, zweistöckige Steinfestung. Um den Innenhof führt ein Säulengang und hier steht ein Brunnen. Die Festung verfügt über vier Türme, wobei der Torre del Homenaje nicht durch die Mauer eingefasst ist, sondern etwas abseits steht und durch eine kleine, hohe Brücke mit dem Komplex verbunden ist.

Die Burg diente als Residenz der mallorquinischen Könige, später als Militärgefängnis, bis schließlich 1976 das Museu d'Historia de la Ciutat (Museum für Stadtgeschichte) einzog. Das Museum informiert über Palmas römische, maurische und christliche Vergangenheit. Außerdem gibt es eine interessante Fotoausstellung, die die Entwicklung des Tourismus auf der Insel seit den 1960er-Jahren dokumentiert.

Heute wird die Burg oft für Konzerte oder andere Kulturevents genutzt. Das bewaldete Gebiet rund um die Burg lädt zu Spaziergängen ein und bietet einen Picknickplatz mit Rundumblick.

La Seu

PALMAS KATHEDRALE

Palmas gotische Kathedrale La Seu ist auch als Catedral de la Luz (Kathedrale des Lichts) bekannt, weil sie 59 bunte Glasfenster und fünf Rosetten besitzt. Ursprünglich stand an ihrer Stelle eine Moschee. Das heutige Gotteshaus besitzt mit 45 m eines der höchsten Kirchenschiffe Europas. Die größte Fensterrose, das Ojo Gótico (gotisches Auge), hat einen Durchmesser von 14 m und taucht das Gebäude in ein Farbenmeer. Das Portal de El Mirador ist 15 m hoch, und die neun Kirchenglocken sind unterschiedlich groß. Das Innere der Kathedrale wurde Anfang des 20. Jh. von Antoni Gaudí spektakulär umgestaltet. Von der Dachterrasse hat man einen malerischen Blick auf die Stadt und die Bucht.

La Seu

PALMAS ZENTRUM

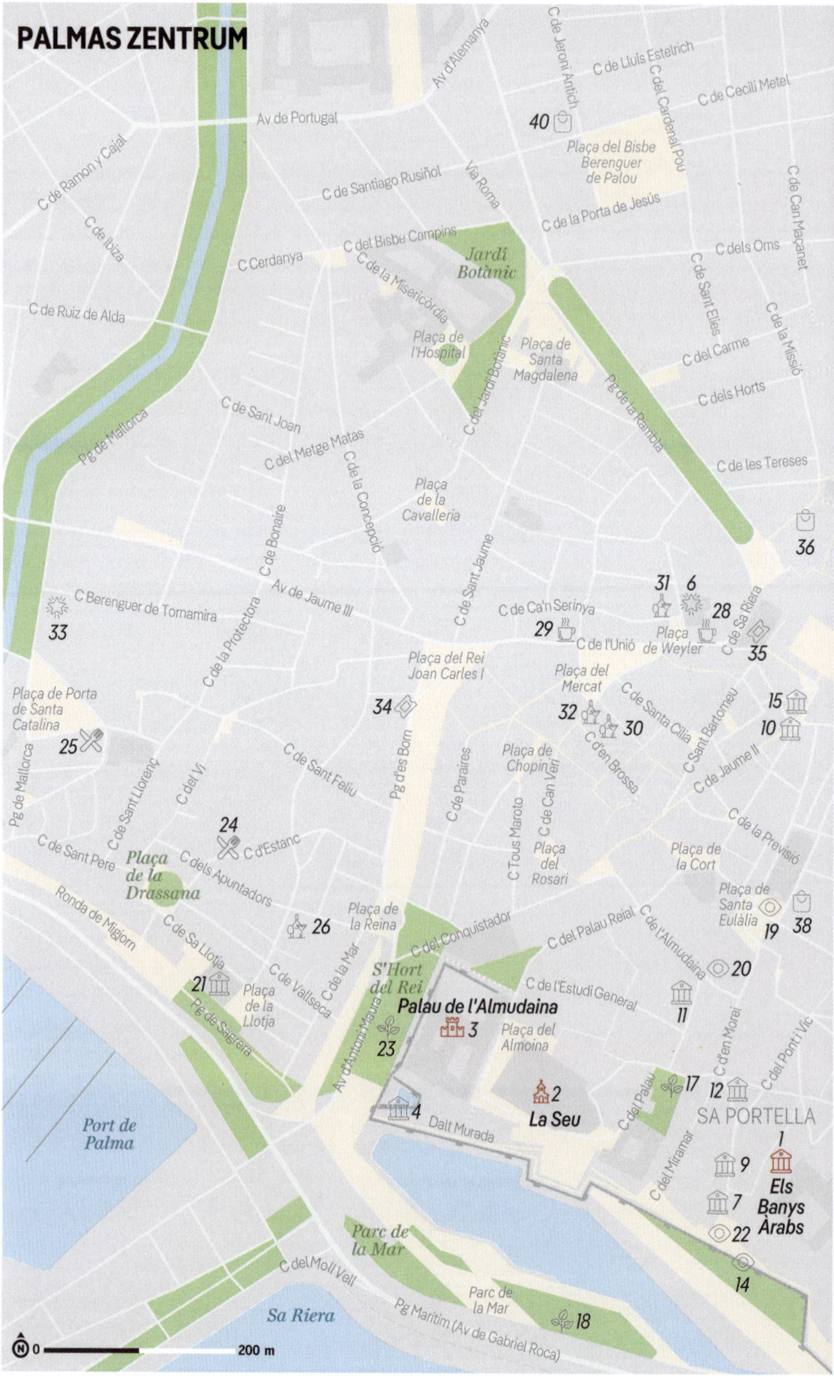

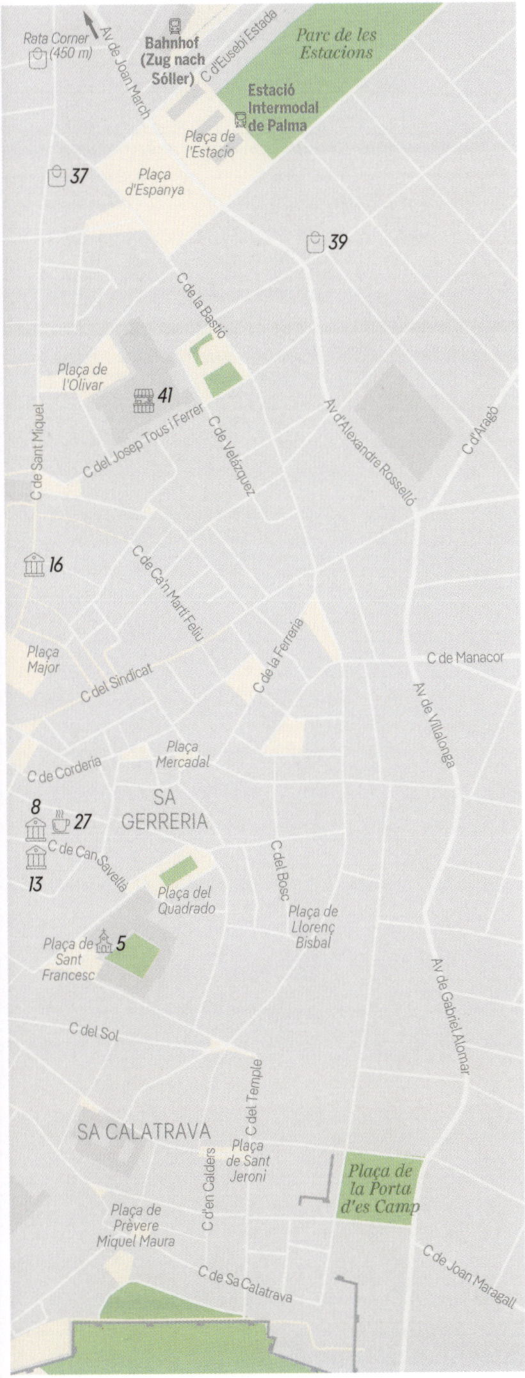

HIGHLIGHTS
1 Els Banys Àrabs
2 La Seu
3 Palau de l'Almudaina

SEHENSWERTES
4 Arc de sa Drassana
5 Basílica Sant Francesc
6 CaixaForum
7 Cal Marquès de la Torre
8 Can Catlar del Llorer
9 Can Espanya-Serra
10 Can Forteza Rey
11 Can Marquès
12 Can Salas
13 Can Vivot
14 Dalt Murada
15 El Águila
16 Fundación Juan March
17 Jardí del Bisbe
18 Parc de la Mar
19 Plaça de Santa Eulàlia

ESSEN
20 Porta de l'Almudaina
21 Sa Llotja
22 Sa Portella
23 S'Hort del Rei

TRINKEN & FEIERN
24 Botànic
25 La Mujer de Verde
26 Abaco
27 Ca'n Joan de S'Aigo
28 Forn des Teatre
29 Forn Fondo
30 Gibson
31 La Vermuteria Rosa
32 Nicolas

UNTERHALTUNG
33 Blue Jazz Club
34 Casa Solleric
35 Teatro Principal

SHOPPEN
36 Biblioteca de Babel
37 Come In Bookshop
38 El Bazar de Libro
39 La Casa del Libro
40 Libreria Drac Magic
41 Mercat de l'Olivar

Sert Studio, Fundació Miró Mallorca

MEHR IM ZENTRUM VON PALMA

Pulsierende Altstadt

DAS HISTORISCHE ZENTRUM ENTDECKEN

Starte im **Parc de la Mar,** von wo sich ein schöner Blick auf die Kathedrale und den Palau de l'Almudaina vom Meer aus bietet. Auf dem Weg zum kleinen, aber charmanten **S'Hort del Rei,** dem Königsgarten (mit Wasserspiel), kommst du am **Arc de sa Drassana** vorbei. Über diesen steinernen Bogen gelangte man früher in den Alcázar.

Eine Treppe führt hinauf zur Kathedrale und zum Eingang des **Palau de l'Almudaina** (S. 48). Spaziere an der Stadtmauer **Dalt Murada** entlang und genieße die Aussicht auf den Parc de la Mar und das Meer dahinter. Weiter geht es zum mittelalterlichen Stadttor von **Sa Portella,** dem ehemaligen jüdischen Viertel der Altstadt.

Spaziere auch zu den ehemaligen Herrenhäusern **Cal Marquès de la Torre, Can Espanya-Serra** und **Can Salas** mit ihren verlockenden Innenhöfen.

BESTE MUSEEN

Museu de Mallorca
Ein Überblick über die Geschichte der Insel mit Exponaten aus talayotischer, römischer, byzantinischer und maurischer Zeit.

Pueblo Español
Eine Nachbildung zahlreicher Gebäude in verschiedenen architektonischen Stilen.

Museu d'Historia de la Ciutat
Stadtgeschichtliches Museum im Castell de Bellver aus dem 14. Jh.

Castillo de San Carlos
Imposante Festung am Meer, die als Krankenhaus und Gefängnis diente und jetzt ein Museum ist, das die Militärgeschichte der Insel vom Mittelalter bis zum 20. Jh. abbildet.

INTERESSANTE GEBÄUDE

Església del Monti-Sión
Einst eine Synagoge, heute Kirche im Barockstil.

Sa Llotja
Gotisches Sandsteingebäude aus dem 15. Jh., einst Börse, heute Ort für Wechselausstellungen.

Casal Solleric
Interessantes Beispiel für ein Herrenhaus aus dem 18. Jh. Heute ein Kulturzentrum mit Kunstausstellungen.

Ganz in der Nähe liegt der **Jardí del Bisbe,** ein hübscher Garten im Herzen der Altstadt. In der Carrer de Ca'n Angluda liegt **Can Marquès,** ein herrschaftliches Haus. Nicht weit entfernt steht die **Porta de l'Almudaina,** ein mittelalterliches Tor, das einst Teil der römischen Stadtmauer war.

Die **Plaça de Santa Eulàlia** ist ein angenehmes schattiges Plätzchen an der gleichnamigen Kirche – ideal für den Lunch. Ein Stück weiter passierst du **Can Vivot** und **Can Catlar del Llorer,** zwei der ältesten gotischen Innenhöfe Palmas.

Zum Abschluss kehrst du im **Ca'n Joan de S'Aigo** ein. Dies ist eine der ältesten *chocolaterías* in ganz Europa und eine Institution in Palma.

Kulturstadt

KUNST UND KULTUR

Palma verfügt das ganze Jahr über eine dynamische Kulturszene. Ob Theater, Oper, Konzerte, Tanz, Liederabende, Filmfestivals, Buchmessen und -clubs, Lesungen, Kunstgalerien, Kinos, Kunstevents, Kurse, Diskussionsrunden oder Livemusik – es ist für jeden Geschmack etwas dabei. Auf palmacultura.cat findest du eine Liste der Events und Kurse.

Zu den besten Kultureinrichtungen gehören: das **Caixa Forum** mit interessanten Wechselausstellungen und Inselkunst, die **Casa Solleric** mit anregenden Kunstinstallationen, das **Es Baluard** mit zeitgenössischer Kunst, das **Teatre Municipal Mar i Terra** mit Theaterstücken in spanischer oder katalanischer Sprache in Santa Catalina, das **Teatro Principal** mit Oper, Konzerten, Tanz und Theater und das **Auditòrium** mit einem abwechslungsreichen Programm aus Konzerten und Kunstevents.

In der Stadt gibt es zahlreiche tolle **Buchläden,** in denen du super stöbern kannst. Die Kulturorganisation **Mallorca Literària,** die ihren Sitz in Binissalem hat, bietet ein fantastisches Programm an Literatur-Events, darunter WoW (Walking on Words). Diese geführten Wanderungen führen zu literarischen und kulturellen Highlights von Palma und dem Rest der Insel.

Palma ist voller Kunstgalerien, darunter die **Fundació Miró Mallorca** und die **Fundación Juan March,** die eine zeitgenössische Sammlung mit Werken von Miró, Picasso, Juan Gris und Dalí besitzt. Die Straßen rund um den **Passeig d'es Born** beherbergen viele wunderbare Kunstgalerien. Und jedes Jahr steigt die **Nit de l'Art** (Nacht der Kunst): Galerien und Museen eröffnen in derselben Nacht ihre Ausstellungen, begleitet von einem Rahmenprogramm.

LOCAL TIPP

Die auf Mallorca aufgewachsene Filmemacherin und Schauspielerin **Sandra Lipski** ist die Gründerin und Leiterin des **Evolution Mallorca International Film Festival (EMIFF),** das jeden Oktober in Palma stattfindet. *evolutionfilmfestival.com*

„Ich fühle eine tiefe Liebe zu Mallorca. Mein Kurzfilm *Mi Isla* (Meine Insel) ist ein Liebesbrief an die Insel. Es geht darum, heimzukommen und neu zu bewerten, was im Leben wichtig ist. Ich spiele Sammy, meine Tochter spielt Alma. Mein Mann war der Kameramann – ein echtes Familienprojekt! Wir haben den Film an einigen der schönsten Orte der Insel gedreht. Mallorca ist ein wahres Paradies für Filmschaffende: Drehorte, Crew und Ausrüstung – das alles ist hier vorhanden und bereit zum Einsatz."

KUNSTGALERIEN

Fundació Miró Mallorca
Joan Miró gewidmete Kunstausstellung, Zugang zu seinen beiden Ateliers; bei Cala Major gelegen.

Es Baluard Museu de Art Contemporani
Erstklassige Sammlung zeitgenössischer Kunst, mit Galerie-Shop und Café mit Terrasse.

Museu Fundación Juan March
Bedeutende Sammlung von Werken spanischer Künstler:innen. Verschiedene Events und Programme.

TOP TIPP

Cati Bauzà und **Juano Antonio Cantarellas** wurden zu Buchhändlern, als sie **El Bazar del Libro,** Palmas ältestes Antiquariat, übernahmen. Sie wollen damit Palmas Literaturszene schützen und bewahren. *@elbazardellibro*

„Der Laden stammt aus dem Jahr 1870 und wurde zunächst als Bodega Enderrocat geführt, bevor er 1978 in El Bazar del Libro umbenannt wurde. Wir haben uns 2011 auf das Abenteuer eingelassen, die Buchhandlung umzugestalten. Wir haben uns bemüht, das historische Flair zu bewahren – mit uralten Büchern und Postern, Fotos, Schallplatten, Skulpturen, Briefmarken ... Nimm einfach an der Theke des Cafés mit einem Buch Platz. Wenn du Glück hast, spielt gerade jemand Klavier. Dies ist unsere Schatzkiste."

In Palma finden das ganze Jahr über Festivals statt, oft mit Workshops für Kinder und Erwachsene, sei es zum Thema Kunsthandwerk, Schreiben oder Tanz.

Das **Evolution Film Festival** bringt jährlich internationale Filmleute auf die Insel und feiert die Szene mit Events, Vorführungen und Preisverleihungen.

Die **Nit de Sant Joan** wird am 23. Juni zu Ehren des Schutzheiligen in der kürzesten Nacht des Jahres gefeiert – mit als *dimonis* verkleideten Personen, einem Feuerlauf *(correfoc)*, Livemusik und Feuerwerk. Die Einheimischen verfolgen die Feierlichkeiten vom Parc de la Mar und der Strandpromenade aus.

Veranstaltungskalender gibt es bei: Youthing (youthing.es), Digame (digamemallorca.com) oder See Mallorca (seemallorca.com).

Architektur in Palma

DIE BEKANNTESTEN GEBÄUDE

Da Palma an der Schnittstelle zwischen Ost und West im Mittelmeer liegt und seit Langem als wichtiger Umschlagplatz gilt, ist es nicht verwunderlich, dass sich die wechselvolle Geschichte der Stadt in ihrer Architektur niederschlägt.

Die römische Zeit ist in Teilen der **Stadtmauern** sichtbar; die maurische Vergangenheit spiegelt sich in den *portadas* (Toren) der Altstadt und in Stätten wie **Els Banys Àrabs** (S. 48) wider. Elemente der Renaissance, der Gotik und des Barock sind an und in den vielen Gottes- und Herrenhäusern der Stadt zu finden, wie der **Sa Llotja** (Gotik aus dem 15. Jh.) und der **Basílica Sant Francesc** (gotischer Kreuzgang und Barockfassade).

Anfang des 20. Jhs. wurde Antoni Gaudí mit dem Umbau der **Kathedrale von Palma** beauftragt (S. 49). In dem La Seu genannten Gotteshaus vermischen sich Gotik, Renaissance, Barock und *modernisme*. Sie entstand auf den Fundamenten einer Moschee.

Einer der markantesten Architekturstile Palmas ist der *modernisme*, beispielhaft sind **El Águila** und **Can Forteza Rey** im Stadtzentrum.

Für Architektur- und Geschichtsfans veranstaltet die Stadt jedes Jahr einen **Tag der offenen Tür** (openhousepalma.org). An dem Wochenende öffnen zahlreiche Gebäude, darunter viele, die normalerweise nicht der Öffentlichkeit zugänglich sind. Am besten meldet man sich online für ein Gebäude an, denn das Open House ist begehrt. Highlights sind die unterirdischen Tunnel, das Parlamentsgebäude und die Hochschule für Architektur (Collegi Oficial d'Arquitectes).

ELEGANTE UNTERKÜNFTE

Hotel Antigua Palma – Casa Noble
Fünf Sterne, unaufdringlich elegant im alten jüdischen Viertel, nahe Els Banys Àrabs. **€€€**

Sant Francesc Hotel Singular
Fünf-Sterne-Oase, sanftes Dekor, ausgezeichnetes Restaurant, Bar und Pool auf dem Dach, Spa und Fitness. **€€€**

Concepció by Nobis
Gepflegtes, stilvolles, renoviertes Herrenhaus aus dem 16. Jh. mit Pool auf dem Dach, Restaurant und Bar. **€€€**

Can Forteza Rey

MISTERVLAD/SHUTTERSTOCK ©

Palma für Bücher-Fans

LITERATURSTADT

Palma ist voller interessanter Buchläden und hat eine reiche Literaturgeschichte. Schriftsteller wie Julio Cortázar, Rubén Darío, Jorge Luis Borges, Albert Camus und D. H. Lawrence ließen sich in dieser Stadt inspirieren. Der britische Schriftsteller und Dichter Robert von Ranke-Graves lebte im nahe gelegenen Deià und war häufig zu Besuch in Palma. Er kam jede Woche zum Postamt, um seine Briefe und Pakete abzuholen. Gertrude Stein weilte auf Empfehlung Graves' eine Zeit lang auf der Insel, im Viertel El Terreno.

Zu den empfehlenswerten Buchläden gehören **La Casa del Libro**, **Rata Corner**, **Libreria Drac Màgic** und **Biblioteca de Babel** (mit einem hübschen Café).

Auf der Suche nach antiquarischen Schätzen solltest du **El Bazar del Libro** in der Nähe der Plaça de Cort besuchen, eine stimmungsvolle Buchhandlung mit einer Bar und einem Klavier für spontane Musiksessions. Deutschsprachige Bücher, inklusive einer großen Mallorca-Abteilung, hat **Akzent** im Angebot. Der Buchladen ist einer Sprachschule angeschlossen. Direkt am Eingang zum CaixaForum gibt es eine wunderbare Buchhandlung, die auf Kunst spezialisiert ist.

BESTE FEINSCHMECKER-RESTAURANTS

DINS Santi Taura
Traditionelle mallorquinische Küche mit einem besonderen Touch. Nur für Erwachsene, geführt vom bekannten einheimischen Koch Santi Taura. €€€

Andana
Das neue Farm-to-Table-Projekt von Sternekoch Maca, der seine Produkte direkt im Herzen von Palma anbaut. €€

Marc Fosh
Ausgezeichnet mit einem Michelin-Stern. Beliebtes Lokal im Zentrum der Altstadt. €€€

Adrian Quetglas
Wundervolle, raffinierte Sterneküche. €€

Tast Club
Atmosphärisch und versteckt, hochwertiges Essen und ausgezeichneter Service. €€

LGBTQIA+-BARS

The2 Palma
Freundliche Bar mit DJs, Cocktails, Drag Show. (@the2palma)

La Dama de Ella
Tapas-Café mit Bar, die bis spät geöffnet ist. (@ladamadeella)

Bar Michel
Tapas, Musik, freundliche Atmosphäre in El Terreno. (@bar_michel)

CHRISTIAN RUEGER/SHUTTERSTOCK ©

Seafood at Mercat de l'Olivar

BESTE ROOFTOP-BARS & RESTAURANTS

Sky Bar, Hotel Hostal Cuba
In Santa Catalina, in einem historischen Gebäude mit unglaublicher Aussicht, morgens und abends, mit Blick auf den Hafen.

Rooftop El Llorenç
Schickes Restaurant im gleichnamigen Hotel, nur für Erwachsene.

Singular Rooftop Terrace
Wunderschön gestaltete Räumlichkeiten in der Altstadt, Teil des Sant Francesc Hotel Singular.

Terrasse des Auditòriums
Nächtlicher Blick vom Passeig Marítim auf den Yachthafen – in der Vorstellungspause oder vor bzw. nach einem Konzert.

Mallorca Literària organisiert literarische Vorträge und Happenings auf der ganzen Insel, auch in Palma. Einzelheiten zu Lesungen und Buchclubs findest du in den Event-Magazinen. Bei der jährlichen Buchmesse füllen sich die Stände auf der La Rambla. Es gibt auch ein buntes Rahmenprogramm.

Ein mediterranes Festmahl

ESSEN UND TANZEN BIS IN DIE NACHT

Palma hat eine unglaubliche Gastro-Szene. Sie reicht von Sternerestaurants mit gehobener Küche über ausgezeichnete internationale Restaurants bis hin zu traditionellen mallorquinischen Kellerlokalen.

Auch Leute, die vegane, vegetarische und glutenfreie Optionen suchen, kommen hier auf ihre Kosten. Eines der besten Restaurants ist das schicke **Botànic,** das im Herzen der Stadt pflanzliche Gerichte aus lokalen Produkten kreiert.

EISCREME

Rivareno Heladería
Sehr beliebtes Gelato nach italienischer Art, das direkt vor Ort neben Sa Llotja hergestellt wird.

Can Miquel Gelateria
Eis der alten Schule, große Vielfalt an Geschmacksrichtungen, beliebt bei den Einheimischen.

Dolce Freddo Ice Cream
Italienisch *(ma certo!);* köstliche Eiscreme mit veganen Optionen.

Die Inselküche basiert auf einer mediterranen Kost, bestehend aus frischen Produkten. Der Lebensmittelmarkt von Santa Catalina und der **Mercat de l'Olivar** eignen sich fantastisch, um an einem Vormittag die Stände zu erkunden und Delikatessen zu probieren.

Aufgrund ihrer Lage im Meer ist es nicht verwunderlich, dass auf der Insel Fischrestaurants sehr beliebt sind - einige der besten findet man rund um die Badia de Palma.

Die Kaffeekultur wird in Palma groß geschrieben, besonders in altmodischen Lokalen wie dem **Ca'n Joan de s'Aigo** (einer jahrhundertealten *chocolatería),* dem **Forn Fondo** (wo es klassisches mallorquinisches Gebäck gibt) oder dem **Forn des Teatre** (heute bekannt als **Fornet de la Soca**), dessen Schaufenster zu den am häufigsten fotografierten in Palma gehört.

Palmas Nachtleben deckt eine breite Palette ab - von gediegen bis feuchtfröhlich. Wie wäre es mit einer Kneipentour? Beginne den Abend mit Wermut und Tapas in der **Vermuteria Rosa.** Probiere danach Cocktails und Tapas im **Abaco** (in einem ehemaligen Palast aus dem 16. Jh.) oder in den allzeit beliebten Bars **Gibson** und **Nicolas.**

Genieße Livemusik im vielseitigen **Novo Café Lisboa** oder im **Blue Jazz Club,** beide in Santa Catalina. Oder verbringe den Abend tanzend in einem Strandclub wie dem **Purobeach** in Illetes. Das Hostal Cuba in Santa Catalina hat eine Dachterrassenbar, und in der Gegend gibt es viele Bars, in denen man bis spät in die Nacht feiern kann. Aber bitte Rücksicht auf die Anwohner:innen nehmen. Auf dem **Passeig Marítim** befinden sich einige der größeren Clubs, und im **Auditòrium** finden regelmäßig Konzerte statt.

Kleine Abenteuer

PALMA MIT KIDS

Palma ist toll für Familien. Es gibt familienfreundliche Hotels, wunderschöne Strände und ein breites Angebot an Aktivitäten in der Stadt oder in der Nähe, um Kinder jeden Alters zu unterhalten. Die Mallorquiner:innen sind zudem kinderfreundlich.

Das **Palma Aquarium** (S. 65) ist ein magischer Ort mit Hunderten von Tierarten und einem riesigen Haifischbecken. Der Fokus liegt auf dem Schutz der Meere und Meereslebewesen. Einmal im Monat gibt es eine „Hai-Übernachtung" für Kinder. Für Regentage bieten sich außerdem das **Palma Jump** mit Riesentrampolinen und Hindernisparcours oder die **Indoorwall Mallorca** für Kletterabenteuer an. An schönen Tagen organisieren spezialisierte Unternehmen auch Kletterabenteuer für Kids im Freien.

BESTE UNTERKÜNFTE FÜR FAMILIEN

Portixol Hotel
Super stylisch, mit einem tollen Pool und in der Nähe des Strandes und des Hafens von Portixol. Wähle ein Zimmer mit Meerblick und Terrasse. €€€

St Regis Mardavall Resort, Portals Nous
Das luxuriöse Fünf-Sterne-Hotel verfügt über einen Kidsclub (3 bis 12 J.), bietet Schwimm- und Golfunterricht und hat ein eigenes Restaurant. Familienzimmer verfügbar. €€€

Meliá Palma Marina
Gutes Preis-Leistungs-Verhältnis in zentraler Lage in Palma am Passeig Marítim. Frühstücksbuffet und Tapas-Restaurant. Ausgezeichnetes italienisches Restaurant ganz in der Nähe. Mit Pool und Spa. €€

SOUVENIRS

Colmado Santo Domingo
Lokale Lebensmittel.

Carmina
Handgefertigte Schuhe.

Típika
Kunsthandwerk und Delikatessen.

BESTE LEBENSMITTEL-MÄRKTE

Mercat de l'Olivar
Dieser Lebensmittelmarkt in der Nähe der Plaça d'Espanya hat eine entspannte Atmosphäre. Hier kannst du u. a. gegrillten Fisch, Würste und Tapas essen.

Mercat de Santa Catalina
Blumen, Obst und andere Lebensmittel aus aller Welt. Probiere *frito mallorquín* (gebratene Lamminnereien mit Gemüse), Paella oder Kroketten in der einladenden Bar Joan Frau oder Sushi bei Arume.

Mercat 1930
In einem Gebäude auf dem Passeig Marítim wird an mehreren Ständen internationale Küche serviert.

Weitere Optionen für einen Ausflug sind: der **Jungle Parc** (Abenteuer- und Kletterpark mit Seilrutschen), das **Castell de Bellver** (S. 49), eine imposante runde Burg in einer hübschen Parklandschaft auf einem Hügel mit Blick auf die Stadt und die darunter liegende Bucht (auch ein guter Ort für ein Picknick), das **Castillo de San Carlos** (S. 52), eine Festung am Meer, oder die Erkundung der **Dalt Murada,** der Stadtmauer um die Altstadt. Auf der Terrasse des **Es Baluard** (S. 53) stehen interessante Skulpturen (und es gibt ein Café). Außerdem gibt es tolle Spielplätze, etwa im **Parc de la Mar** unterhalb der Kathedrale und im Stadtpark **Parque de la Feixina.**

Wenn du Nachwuchs-Künstler in deiner Familie hast, könnte die **Fundació Miró Mallorca** (S. 53) ein Hit sein. Das Museum ist voller Kunst, und das Atelier von Joan Miró inspiriert ganz sicher kreative Köpfe.

Deine Familie ist aktiv? Leiht euch Inlineskates oder Fahrräder (**Nano Bikes** und **Palma Bike and Go** vermieten Räder mit Kindersitzen oder Anhängern) und gleitet oder fahrt die Strandpromenade entlang, die sich rund um die Bucht schlängelt (S. 70).

Oder du verbringst einfach einen Tag (oder mehrere!) am Strand. Palma bietet gute Stadtstrände und die Badia viele goldene Sandstrände und versteckte Buchten (S. 71). Wassersportmöglichkeiten gibt es in Hülle und Fülle – in der Bonaona Surf School in **Ca'n Pastilla** (S. 65) können deine Kinder im Handumdrehen Surfen, Paddeln oder Windsurfen lernen. Die **National Sailing School** in Port Calanova erteilt Segelunterricht.

Auf Festivals finden häufig Workshops oder spezielle Events für Kids statt. Informiere dich also im Vorfeld.

Natur in Stadtnähe

GRÜNE OASEN IN UND UM PALMA

Palma verfügt über mehrere Parks innerhalb der Stadtgrenzen: **S'Hort del Rei** an der Kathedrale, **Jardí del Bisbe** in der Altstadt und die **Jardines de Marivent.** Dieser gepflegte, üppige und schattige Garten gehört zum Marivent-Palast (die meiste Zeit des Jahres für die Öffentlichkeit zugänglich) in Cala Major. In ihm befinden sich Bronzeskulpturen von Miró. Sein ehemaliges Atelier (und die **Fundació Miró,** S. 53) befinden sich in der Nähe. Das **Castell de Bellver** (S. 49) ist ebenfalls von Grün umgeben.

In Planung sind viele weitere Grünflächen in und um die Stadt. Und es sollen neue *zonas verdes* (geschützte Grünflächen) entstehen. Wenn du auf der Suche nach wilder Natur bist, solltest du den **Park La Reserva** in der Serra de Tramuntana besuchen. Dieser Natur- und Abenteuerpark liegt nur 30 Autominuten vom Zentrum Palmas entfernt. Hier kannst du in den Bergen wandern, unter Wasserfällen schwimmen und Tiere aus

Segeln in Palma

GASTON PICCINETTI/SHUTTERSTOCK ©

SEGEL-EVENTS

Februar
V Copa del Mediterráneo – Puerto Portals.

April
Princesa Sofia Regata und La Ruta de la Sal.

April/Mai
Palma International Boat Show und Palma Superyacht Village.

der Nähe beobachten. Der Park befindet sich in Puigpunyent beim hübschen Dorf Galilea. Er nimmt auch schutzbedürftige Tiere auf und informiert über den Umgang mit Tieren (Arbeit an Bienenstöcken, spezielle Tierbegegnungen etc.).

Segel setzen

YACHTHÄFEN UND REGATTEN

In den Gewässern vor Mallorca finden jedes Jahr zahlreiche Segelregatten, Cups und Bootsmessen statt. Palma ist ein wichtiger Schauplatz für einen Großteil dieser Aktivitäten. Für Boots-Fans ist die **Internationale Bootsmesse in Palma** im April und Mai ein guter Zeitpunkt, um die Insel zu besuchen. Interessenten können an Bord vieler der ausgestellten Boote gehen. Und es gibt eine Reihe von Events, auf denen sich die internationale Segelszene sich trifft.

Segelfans markieren sich jedes Jahr die **Copa del Rey Regatta** im Kalender, die vom Real Club Náutico in Palma ausgerichtet wird. Bei diesem Highlight füllt sich die Bucht mit Booten. Neben den Wettkämpfen organisiert der Segelclub ein kulinarisches und kulturelles Rahmenprogramm.

Yachtleben

PASSEIG MARÍTIM

Palma (und Mallorca im Allgemeinen) ist äußerst beliebt bei Segler:innen. Deshalb säumen hübsche Yachthäfen die gesamte Küsten. In Palma sind der **Club de Mar** und der **Real Club Náutico** die beiden wichtigsten Yachthäfen mit allem Arten von Booten: vom traditionellen *llaüts* bis hin zu Superyachten. Der Club de Mar hat 575 Liegeplätze. Er ist für Schiffe von 8 m bis 135 m Länge ausgelegt. Hier sind viele der größeren Exemplare und auch Superyachten zu finden. Näher an der Altstadt gelegen, bietet der Real Club Náutico 971 Liegeplätze für Schiffe bis zu 40 m Länge.

Etwas weiter draußen befinden sich weitere Marinas. **Port Calanova** ist ein hübscher Yachthafen mit Restaurants, Hotels und Stränden sowie einer ausgezeichneten Segelschule, die zahlreiche Kurse für Kinder anbietet.

Etwa 10 km von Palma entfernt ist **Puerto Portals** ein luxuriöser Yachthafen voller gehobener Restaurants und Designerläden. Auf der anderen Seite der Badia de Palma liegt der **Club Náutico El Arenal** mit 667 Liegeplätzen und zahlreichen Bars, Restaurants und Ausgehmöglichkeiten. Du kannst die Promenade entlangschlendern und die Schiffe bestaunen. Aber du kannst auch eine Yacht chartern, einen Bootsausflug in der Bucht und darüber hinaus unternehmen oder Segeln lernen. Schau dich um und hol dir Empfehlungen ein, bevor du buchst.

BESTE SEGELKURSE

Deep Blue Sea Training
Schulungen für Yachtcrews, Tagesskipper und Powerboat-Fahrer sowie Erste-Hilfe-Kurse.

National Sailing School
Kinder- und Erwachsenenkurse; Sitz in Port Calanova. Einführungskurse auch für die ganz Kleinen. Jollen-, Regattasegeln, Surf-, SUP- und Kajakkurse.

Escuela Náutica Palma
Erfahrene Segelschule mit einem breiten Kursangebot.

Palma Sea School
Kurse zum Erwerb des Sportküstenschifferscheins und Motorboot-Kurse.

Escuela Nàutica Navega
Gutes Kursangebot.

Mai	Juni	Juli/August
Palmavela und der Ibiza Gold Cup.	Superyacht Cup.	Regata Copa del Rey und Regata Illes Balears Classics.

SANTA CATALINA

ANGESAGTES EHEMALIGES SEEMANNSVIERTEL

Von den Windmühlen von Es Jonquet, die auf den Hafen blicken, bis hin zu den niedlichen pastell- und ockerfarbenen ehemaligen Fischerhäusern mit ihren leuchtenden Topfgeranien, schmiedeeisernen Balkonen und grünen Fensterläden – Santa Catalina steckt voller Charme.

Dieser Stadtteil ist auf Gesundheit, Wohlbefinden und einen entspannten Lebensstil ausgerichtet. Vintage-Boutiquen, Möbel- und Designläden und sogenannte Slow Living Concept Stores säumen die Gassen. An fast jeder Ecke gibt es veganfreundliche Cafés und zahlreiche Yoga- und Pilates-Studios.

Probiere die kulinarischen Genüsse der zahlreichen Restaurants mit internationaler Küche oder die des Mercat de Santa Catalina, des großen Lebensmittelmarkts im Zentrum des Viertels. Das Partyvolk – vor allem aus dem Ausland – füllt abends die Terrassenrestaurants und Bars.

TOP TIPP

Erkunde die Gegend ohne Karte, lass dich durch die engen Gassen rund um den Markt treiben, kehre in eines der vielen Cafés ein und genieß einfach die entspannte Atmosphäre.

Windmühlen von Es Jonquet

Wellness

YOGA UND PILATES

Santa Catalina hat ein großes Angebot an Yoga, Pilates, Wellness und alternativen Therapien. Empfehlenswert sind das etablierte Studio Earth Yoga (Yoga, Pilates), das RA MA Institute Mallorca (Kundalini, Meditation) und das Ashtanga House Mallorca (Ashtanga-Flows). Für Wellnessanwendungen bieten sich an: Lucky Bodies & Happy Souls und Palma Sport & Tennis Club.

Clean Eating

VEGANE, VEGETARISCHE UND GLUTENFREIE ALTERNATIVEN

Die Seitenstraßen von Santa Catalina sind gesäumt von alternativen Cafés und Restaurants. Es gibt Naturkostläden (Herbolario Navarro) oder einen Unverpackt-Laden mit Bio-Café (NU Market). Lo Vegano ist ein Online-Bio-Supermarkt. Weitere gute Optionen für Leute, die sich vegan und vegetarisch ernähren, sind Simply Delicious (orientalische Gerichte in freundlicher Umgebung), Elefante Mallorca (vegan), Restaurante EcoVegetariana und La Mujer de Verde. Es gibt auch einen Online-Supermarkt mit bilogischen und veganen Produkten namens Lo Vegano.

Yoga an der Platja de Magaluf

Bohème-Enklave

UNTERWEGS WIE DIE HIPPEN LOCALS

Santa Catalina („Santa Cat" für die Einheimischen oder „Klein-Schweden", wie die Stadt aufgrund der großen schwedischen Community auch scherzhaft genannt wird) lässt sich wunderbar zu Fuß erkunden. Am besten läufst du ohne Karte oder Route durch das Viertel, um all die Kleinode zu entdecken. Hier sind dennoch ein paar Vorschläge.

Der **Mercat de Santa Catalina** ist das pulsierende Herz des Viertels. Der älteste Markt Palmas wurde 1920 gegründet und bietet eine breite Palette an Lebensmitteln – Fleisch, Fisch, Obst und Gemüse sowie Delikatessen.

Frühstücke in einem der vielen Cafés, die den Markt umgeben – **La Madeleine de Proust, El Perrito** oder **Santina** sind nur einige Beispiele. Oder kauf ein frisch gebackenes Brot bei **Palma Bread** oder **Thomas Bakeshop Boutique.** Besorg dir Blumen bei **BYLOLINDO** oder **Fleurs Santa Catalina.** Lass dir bei **Eden Hairdressing** (beliebt bei Segler:innen) die Haare schneiden.

Auf der Grünfläche neben der Kirche kannst du an Tai-Chi-Übungen teilnehmen. Buch einen Termin bei **Lucky Bodies & Happy Souls,** um deine Chakren zu reinigen (Yoga, Rolling und Naprapathy), oder nimm an einer Yogastunde (Hatha, Vinyasa, Yin, Kundalini) bei **Earth Yoga** teil. Wenn du dich angemessen Zen fühlst, kannst du in einem der alternativen Cafés einen Matcha oder Smoothie trinken.

Neben Immobilienmaklern reihen sich auf der Sant Magí Restaurants, Bars, Boutiquen und Concept Stores wie **La Libélula** aneinander.

Stöbere nach Büchern im **La Salina,** einer internationalen Buchhandlung. Nimm an einem Töpferworkshop in einem der Keramikstudios teil oder buch eine Tennisstunde im **Palma Sport & Tennis Club.** Genieß in der **Sky Bar** des kultigen Jugendstil-**Hostals Cuba** den Blick auf den Sonnenuntergang.

Digitale Nomaden

COWORKING IN SANTA CATALINA

Palma ist eine attraktive Stadt für (gut situierte) digitale Nomaden und internationale „Superpendler". Zwar sind die Mieten und Lebenshaltungskosten relativ hoch, aber das können die atemberaubende Schönheit der Insel und die kosmopolitische, pulsierende Atmosphäre dieser stilvollen Stadt am Meer offensichtlich für viele wettmachen. Es gibt überall in

WARUM ICH SANTA CATALINA LIEBE

Laura McVeigh,
Autorin

„Obwohl ich die Altstadt von Palma liebe, so hat mir doch Santa Catalina mein Herz gestohlen, denn dieses Dorf am Meer, gleich hinter den Windmühlen von Es Jonquet, hat so viel Charme und Charakter. Es strahlt einfach eine positive Energie aus. Die kleinen Läden werden mit viel Liebe und Sorgfalt geführt, die Gegend ist international und divers, und die Ateliers und das Teatro Mar i Terra versprühen eine kreative Atmosphäre. Mindestens einmal in der Woche setze ich mich in ein Café zum Schreiben. Die Leute sind freundlich und unkompliziert. Und niemand verdreht die Augen, wenn du nach einem koffeinfreien Milchkaffee mit Mandelmilch oder nach einer glutenfreien Poke Bowl fragst."

Ehemaliges Fischerhaus

ARTESIA WELL/SHUTTERSTOCK ©

INTERNATIONALE KÜCHE

Rotana
Leckeres libanesisches Essen in stimmungsvollem Ambiente. **€€**

Sumaq
Peruanische Fusion-Küche; schön präsentiert. **€€**

Koh
Thailändische und südostasiatische Küche mit Liebe serviert. **€€**

SANTA CATALINA
6
C de Villalonga
C de l'Indústria
3
7
C de Murillo
1
C de Antich
20
C del Comte de Barcelona
SANTA
CATALINA
C de Caro
11
C de Sa Fàbrica
8
C de Pursiana
21
10
Plaça del
Progrès
C de Cotoner
25
16
13
24
19
C d'Espartero
9
23
15
C de Dameto
C de Mir
12
Palma Sport &
Tennis Club
(450 m)
22
5
2
C de Sant Magí
C del Pou
18
ES JONQUET

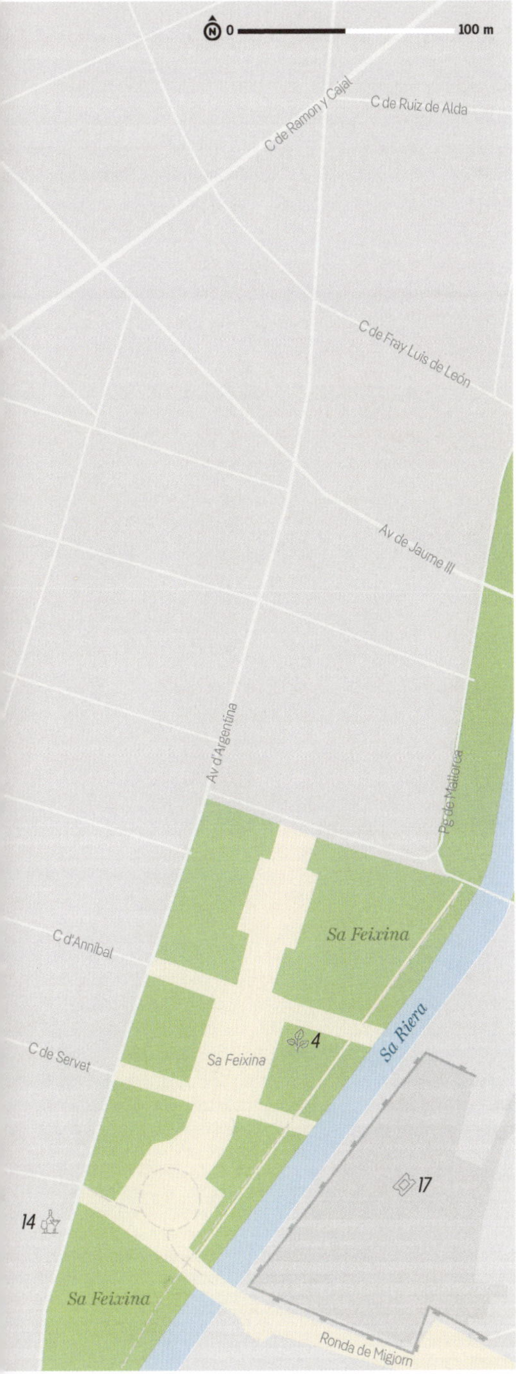

SEHENSWERTES
1 Earth Yoga
2 Eden Hairdressing
3 Hub Mallorca
4 Parque de la Feixina
5 ZULU Coworking

AKTIVITÄTEN, KURSE & TOUREN
6 Ashtanga House Mallorca
7 Lucky Bodies & Happy Souls
8 RA MA Institute Mallorca

ESSEN
9 Elefante Mallorca
10 NU Market
11 Restaurante EcoVegetariana
12 Simply Delicious

TRINKEN & AUSGEHEN
13 El Perrito
14 Sky Bar
15 La Madeleine de Proust
16 Santina

UNTERHALTUNG
17 Es Baluard
18 Novo Café Lisboa

SHOPPEN
19 Fleurs Santa Catalina
20 Herbolario Navarro
21 La Libélula
22 La Salina
23 Mercat de Santa Catalina
24 Palma Bread
25 Thomas Bakeshop Boutique

BESTE UNTERKÜNFTE

Hotel Hostal Cuba
Boutiquehotel in einem ikonischen Gebäude mit Sky Bar und Blick auf den Hafen; direkt am Rand von Santa Catalina. €€

StayCatalina Boutique Hotel-Apartments
Stilvolle Apartments in einem Vier-Sterne-Hotel im Herzen von Santa Catalina. €€

Bordoy Continental Palma
Ein Vier-Sterne-Hotel, sauber und komfortabel. €€

Meliá Palma Marina
Komfortables, schickes Hotel am Meer; ausgezeichnetes Frühstück; tolle Lage. €€

ALEX TIHONOVS/SHUTTERSTOCK ©

Palma

der Stadt Coworking-Spots, aber Santa Catalina ist besonders beliebt. Das verleiht dem Viertel (und der ganzen Stadt)ein internationales Flair.

Hub Mallorca in der Carrer de Caro ist ein funktionaler, freundlicher Coworking Space. Das **ZULU Coworking** in der Carrer de Sant Magí hat eine beruhigende, natürliche Ästhetik, die an eine moderne Universitätsbibliothek erinnert. Neben dem üblichen Arbeitsplatz sind im Angebot: Geschäftsadresse, Events, Networking, Tee und Kaffee, Zugang zur Küche, Innenhof, Besprechungsräume sowie Internetzugang. Der **Palma Sport & Tennis Club** hat kürzlich einen eigenen Coworking Space eröffnet (teuer, aber hübsch, mit guter Ausstattung und Zugang zu den Clubeinrichtungen).

In der Nähe von Santa Catalina befindet sich die **Homey Group,** ein Architekturbüro mit einem Coworking Space, wo sich kreative Synergien entfalten können.

Außerdem gibt es in Santa Catalina eine Menge fantastische Cafés, von denen viele über kostenloses WLAN verfügen; digitales Arbeiten könnte hier nicht einfacher sein.

COWORKING

Cómodo & Co, La Rambla
Atemberaubende Lage direkt an der Rambla in einem historischen Gebäude; ein freundlicher, kreativer Ort.

Palmapolitan
In einem beeindruckenden Gebäude; gute Tagungsräume; freundliche Einrichtung, tageweise oder längerfristig.

Casa Planas
Kreativer Coworking-Spot mit eigenem Radiosender, Livemusik und Workshops auf der Avinguda de Sant Ferran.

BADIA DE PALMA

WEITLÄUFIGE BUCHT AM RANDE DER STADT

Die Badia de Palma erstreckt sich in einem 25 km langen Bogen vor der Hauptstadt. Es ist eine Bucht mit enormen Kontrasten – schrille Resorts liegen neben gehobenen Retreats, ruhige Wohnanlagen neben trubeligen Touristenhochburgen.

Die Bucht zieht sich von den Klippen von Cala Blava im Osten über die quirligen Touristenviertel Ca'n Pastilla und S'Arenal – bekannt für Wassersport und Party – weiter entlang der Promenade voller Radfahrer und Inlineskater zur ruhigeren Ciutat Jardí bis zum ehemaligen Fischerdorf Portixol. Ca'n Pere Antoni liegt sehr zentral und ist somit ein echter Stadtstrand.

Gen Westen erreicht die Bucht Cala Major, einen kleinen Ferienort vor den gehobenen Wohnvierteln Illetes und Bendinat. Darauf folgen das charmante Portals Nous und die überwiegend von Briten bevorzugten Ferienorte Palmanova und Magaluf und schließlich die ruhigen Orte Portals Vells und Cala Vinyes.

TOP TIPP

Wähle den Abschnitt der Bucht, an dem du absteigen willst, mit Bedacht – je nachdem, welche Art von Urlaub du verbringen möchtest.

Palma Aquarium

Ca'n Pastilla & S'Arenal

WASSERSPORT IN DER BADIA DE PALMA

Am windigeren Ende der Playa de Palma liegt Ca'n Pastilla. Es ist eines der Pauschalreiseziele, die sich entlang der Küste vom Flughafen bis zur Ciutat Jardí erstrecken. Der Sandstrand ist gesäumt von Cafés, Restaurants, Strandläden und Hotels. Wassersport-Fans können bei der Bonaona Surf School einen Surfkurs sowie Kajak-, Skateboard- oder SUP-Kurse buchen.

Attraction Catamarans bietet Bootsausflüge zu den Calas und Badestellen rund um die Badia an. Die Fahrt beinhaltet ein Mittagessen.

Ein Stück weiter in S'Arenal befindet sich das bei jungen Deutschen beliebte Aqualand – mit aufregenden Rutschen, Wasserattraktionen und Planschbecken ist es ein Dauerbrenner.

Palma Aquarium

UNTERWASSERWELT

Es beherbergt mehr als 8000 Arten von Lebewesen aus allen Ozeanen und Meeren der Welt. Highlight ist das riesige Haibecken: Du läufst durch einen Tunnel, während 20 Haie über dir und an dir vorbeischwimmen. Besonders Unerschrockene schwimmen mit den Haien (buchen). Das Aquarium legt einen starken Fokus auf den Schutz der Meere und auf Umweltthemen. Einige der Ausstellungen befassen sich etwa mit Überfischung und Meeresverschmutzung und zeigen Lösungswege auf. Einmal im Monat gibt es freitags eine „Haiübernachtung" für Kinder (buchen).

HIGHLIGHTS
1 Castell de Bellver
2 Ca'n Pastilla
3 Es Molinar
4 Palma Aquarium
5 Portixol
6 S'Arenal

SEHENSWERTES
7 Bendinat
8 Castillo de San Carlos
9 Ciutat Jardí
10 Club de Mar
11 Cuevas de Génova

12 Fundació Miró Mallorca
13 Illetes
14 Jardines de Marivent
15 Port Calanova
16 Portals Nous
17 Real Club Náutico

UNTERHALTUNG
18 Auditòrium
19 Junior Jungle Parc

Portixol & Es Molinar

EHEMALIGE FISCHERDÖRFER

Portixol und Es Molinar, ehemalige Fischerdörfer am Stadtrand von Palma, sind in den letzten Jahren immer beliebter geworden und versprühen jetzt ein eigenes cooles Flair.

Die Attraktionen dieser Gegend sind ganz klar die ehemaligen Fischerhütten, die die Strandpromenade säumen. Sie sind aufgehübscht und beherbergen verschiedenste Bars, Cafés und Restaurants. Die schöne breite Promenade erstreckt sich in einem Bogen von 16 km Länge um die Badia de Palma und ist mit Leuten auf Rädern, Inlinern, Skateboards oder Segways bevölkert.

Obwohl Personen aus dem Ausland Immobilien erworben und damit die Preise für Grundstücke vor allem in der ersten Reihe in die Höhe getrieben haben, wohnen noch immer zahlreiche Einheimische hier. In der Gegend scheint die Zeit stehen geblieben zu sein, vieles läuft geruhsam, und man ist familienfreundlich: Großeltern trotten hinter ihren dreiradfahrenden Enkeln her, Freundesgruppen improvisieren ein Picknick am geschützten Strand und glückliche Familien fahren mit dem Rad oder auf Skates an der Promenade auf und ab.

Portixol

TOP TIPP

Portixol liegt nur zehn Minuten mit dem Auto vom Flughafen entfernt. Es kann aufgrund des Einbahnstraßensystems schwierig sein, hier einen Parkplatz zu finden. Am besten nimmst du vom Flughafen ein Taxi oder die Buslinie 1, die am Melia Palma Bay hält (ganz in der Nähe des Hafens von Portixol). Vom Zentrum aus bringen dich die Busse 15 und 30 nach Portixol und Es Molinar.

LUNAMARINA/SHUTTERSTOCK ©

Balneario Illetes

MEHR IN BADIA DE PALMA

Sundowner & Segeln

EIN TAG IN PORTIXOL

Für einen fabelhaft stilvollen Aufenthalt mit Blick auf den Sonnenuntergang solltest du das **Portixol Boutique Hotel** wählen. Frag nach einem Zimmer mit Terrasse zur Meerseite – genieße die Retro-Atmosphäre am Pool bei einem erfrischendem Bad vor dem Frühstück. Eine Alternative ist das nahe gelegene **Melia Palma Bay** mit Dachpool.

Im kleinen **Hafen von Portixol** dümpeln die Boote leise vor sich hin. Im frühen Morgenlicht ist die Szenerie besonders fotogen. Schwing dich aufs Rad und radle die Promenade entlang – vorbei an den ehemaligen Fischerhütten, die malerisch die Strandpromenade säumen.

Halte unterwegs an einem geschützten Strand oder in einem Café mit Blick aufs Meer an. Such dir Sonnenschirm und Liege in **Ciutat Jardí** und spring in die Fluten, bevor du zurückradelst. Zum Mittagessen kannst du in einem lokalen Restaurant einkehren – es stehen zahlreiche Fischgerichte und

DIE BESTEN RESTAURANTS IN PORTIXOL & ES MOLINAR

Portixol Boutique Hotel
Ein fabelhaftes Hotel mit einem stilvollen, ausgezeichneten Restaurant in charmanter Lage direkt am Meer. Genieß die Außenterrasse an einem Sommerabend. €€€

Assaona Beach Club
Superstylischer Beach Club mit ganzjährig geöffnetem Restaurant. €€

Petit Ca'n Punta Port
Charmante Vintage-Atmosphäre; auch fleischlose Optionen. €

El Bungalow
Ibiza-Vibes in Es Molinar. €€

Cocco
Pizzen und italienische Küche in einer schönen Umgebung am Meer. €€

BESTE BEACH CLUBS

Purobeach Illetes
Schicker Club auf den Felsen, ganz in Weiß. Restaurant, Musik, Sonnenliegen – für die „schönen Menschen".

Balneario Illetes
Entspannung am geschützten Sandstrand: Restaurant, Sonnenliegen, Wellnessbereich.

Nikki Beach
Magaluf, Sushi und Champagner, DJ, Party-Vibes.

VULCANO/SHUTTERSTOCK ©

Radeln an der Promenade in Palma

BESTE RADVERLEIHER

Palma on Bike
E-Bikes, Citybikes, E-Scooter, Rennräder und Mountainbikes; in der Nähe der Kathedrale.

Nano Bicycles
Professionell; große Auswahl an Rädern; gibt Tourenvorschläge.

Berganti Bikes
Verleih, Reparatur und Verkauf von gebrauchten Rädern; Sitz in Ca'n Pastilla.

internationale Spezialitäten zur Auswahl. Der **Club Nautico Portixol** bietet ein Drei-Gänge-Menü und Paella. Hier lässt sich gleich ein Segelkurs oder eine Bootstour organisieren.

Abends genießt du einen Sundowner in einem der Strandclubs wie dem **Assaona.** Wenn du am 23. Juni hier bist, kannst du an der **Nit del Foc** teilnehmen. Dann treffen sich einheimische Familien und Freund:innen an den mit Kerzen erleuchteten Stränden zum Mittsommernachtspicknick.

Radfahren am Meer

ENTLANG DER BADIA DE PALMA

Die von Palmen gesäumte Strandpromenade mit Rad- und Skaterweg erstreckt sich über 16 km rund um die Badia de Palma. Eine der schönsten Arten, die Stadt und ihre Strände

BESTE STRÄNDE

Ses Palmeres
Kleiner, geschützter Strand von Portixol.

Ciutat Jardí
Sandstrand von Es Coll d'En Rabassa.

Ca'n Pere Antoni
Palmas Stadtstrand, Heimat des Anima Beach Club.

zu erkunden, ist es, sich ein Fahrrad zu mieten und am Meer entlangzufahren (alternativ auf Inlineskates).

Es gibt einige öffentliche Radleihsysteme wie **BiciPalma** und **Moute Bé.** Man mietet sich unkompliziert ein Rad per App und legt damit kurze Strecken im Zentrum zurück. Für längere Strecken und eine größere Auswahl an Fahrrädern bieten sich die Fahrradverleiher (oder Segway-Verleiher, wenn dir ein Fahrrad nicht zusagt) an. Die meisten führen auch Kindersitze oder Buggys. Buche im Voraus und bringe einen Ausweis mit, wenn du dein Gefährt inklusive Helm und Fahrradschloss abholst.

Wenn du in der wärmeren Jahreszeit radelst, denke an Sonnenschutz und Wasser. Lass dich nicht von der Aussicht ablenken, achte auf den Gegenverkehr und auf mögliche Hindernisse.

Du kannst von Porto Pi bis nach S'Arenal radeln, vorbei an der Kathedrale La Seu, Portixol und Es Molinar.

Badia de Palma West

GO WEST

Illetes, Bendinat, Portals Nous und Portals Vells versprechen alle einen gehobenen Urlaub an der Badia.

Illetes hat einen sehr schönen geschützten Strand, die Platja de Ses Illetes mit kleinen Calas in der Nähe und die ruhigere Platja de Sa Comtesa. Die Strandclubs von Illetes bieten eine angenehme Kulisse für einen Strandtag. Das Parken kann schwierig sein, aber die Buslinie 3 fährt regelmäßig vom Passeig de la Rambla oder der Avinguda de Jaume III hierher.

Bendinat ist hauptsächlich ein exklusives Wohngebiet, dessen kleine Strände und Buchten sich an schicke Hotels anschließen. Hier finden sich Golfclubs, aber auch der **Jungle Parc Junior,** ein toller Kletterpark im Kiefernwald mit Seilrutschen. Perfekt für Kinder zwischen 6 und 12 Jahren.

Portals Nous hat einen wunderschönen Strand mit *chiringuito* (Snackbar), Beachvolleyballplatz und schöner Aussicht. Er liegt direkt neben der Marina von Puerto Portals mit ihren glamourösen Yachten. Ideal zum Leutegucken.

Die **National Sailing School** in Port Calanova bietet Segelunterricht für Kinder und Erwachsene an.

Für Tauchabenteuer sorgt **Big Blue Diving** in Palmanova (auch PADI-Kurse für Anfänger).

Auch der Westen hat einen eigenen Aquapark: den **Western Water Park** in Magaluf. Es gibt viele aufregende Rutschen und Planschbecken für die Kleinen.

COVES DE GÉNOVA

Diese Höhlen sind zwar kleiner als die berühmteren Coves del Drac im Osten der Insel, aber sie sind einen Besuch wert, denn sie liegen näher an Palma und sind nicht überlaufen. Hier gibt es unglaubliche Kalksteinformationen in verschiedenen Farben tief unter der Erdoberfläche zu bewundern. In 36 m Tiefe liegen insgesamt über 1 km Höhlenpfade voller Stalaktiten und Stalagmiten. Die 1906 entdeckten Höhlen zeichnen sich durch ihre natürliche Schönheit aus.

Portals Nous

MISTERVLAD/SHUTTERSTOCK ©

FREIZEITPARKS

Western Water Park
Aquapark im Wild-West-Look; Rutschen (darunter eine 260 m lange), Fahrgeschäfte, Wasserspielplatz.

Katmandu Park
Fahrgeschäfte, Minigolf, ein auf dem Kopf stehendes Haus und ein Wasserspielplatz.

Jungle Parc
Abenteuer- und Kletterpark in einem Waldstück. Hier geht es auf Seilrutschen von Baum zu Baum.

RICH HIGGINS/SHUTTERSTOCK ©

Puig Major (S. 81)

WESTLICHES MALLORCA

KULTUR UND NATUR

Auf den Spuren von Frédéric Chopin und George Sand im charmanten Valldemossa wandeln, die Berge der Serra de Tramuntana erwandern und die Bergdörfer der Insel entdecken.

Der Westen der Insel wird vom UNESCO-Welterbe Serra de Tramuntana begrenzt, einem reizvollen Landstrich mit Orangen- und Olivenhainen, atemberaubenden Gärten vor einer imposanten Bergkulisse, einer herrlichen Küste und Sandsteindörfern, die zum Meer hin abfallen.

BALATE DORIN/SHUTTERSTOCK ©

Kunst- und Architektur-Fans kommen hier voll auf ihre Kosten. Sie finden Kunstwerke von Picasso und Miró, wunderbare Gebäude im Modernisme-Stil in Sóller, die angesagte Galerie CCA Andratx und das Kreativparadies Deià.

Dieser Inselabschnitt ist auch bei Naturliebhaber:innen beliebt, denn die Berge und die Küste bieten zahlreiche Wander- und Fahrradrouten.

Die Insulaner sprechen hier eher Mallorquí und alles geschieht *poc a poc* („Stück für Stück"). Eines der einfachsten Vergnügen ist es, auf einem sonnenüberfluteten Platz mit einem *cafè amb llet* (Milchkaffee) zu sitzen und das Leben zu beobachten. Oder mit einem gemieteten Boot die Küste zu erkunden. Traditionelle mallorquinische Boote dümpeln im Hafen von Port de Sóller vor sich hin, größere Boote bringen dich hinaus nach Sa Calobra oder schippern entlang der Küste, um dir versteckte Buchten und Höhlen zu zeigen.

DIE HAUPTREGIONEN

SÓLLER
Modernistisches Kleinod im Goldenen Tal.
S. 78

VALLDEMOSSA
Chopin und malerischer Zwischenstopp.
S. 84

ANDRATX
Bergstadt mit Künstler-Flair.
S. 91

Erste Orientierung

Auf einer Länge von 140 km schlängelt sich die Serra de Tramuntana entlang der Westküste durch Sandsteindörfer, die schwindelerregend steil zum Meer hin abfallen, umgeben von Pinienwäldern, Oliven-, Johannisbrot-, Orangen- und Mandelhainen.

Andratx, S. 91

Attraktives Bergstädtchen mit einer beachtlichen Dichte an Yachten im nahe gelegenen Port de Andratx; guter Ausgangspunkt zur Erkundung der Küste oder der Berge im Landesinneren.

PER RAD ODER ZU FUSS

Lass es langsam angehen und wandere oder fahr mit dem Fahrrad entlang der Westküste, um die herrlichen Landschaften zu erkunden.

Valldemossa, S. 84

Von Frédéric Chopin geliebt, von George Sand eher weniger, bietet diese malerische Küstenstadt Geschichte, Kultur und Kunst sowie eine spektakuläre Kulisse.

Sóller, S. 78

Modernistische Architektur, Kunstgalerien, atemberaubende Gärten und die wichtigsten Strände der Westküste in Port de Sóller vor einer bemerkenswerten Bergkulisse.

BUS

Relativ regelmäßige Verbindungen zwischen den wichtigsten Knotenpunkten. Mit ein wenig Planung kann dies eine stressfreie Art zu reisen sein.

ZUG

In dieser Region gibt es keine Züge – abgesehen von dem historischen Zug, der zwischen Palma und Sóller verkehrt, und der alten Tram, die von Sóller zum Port de Sóller zuckelt.

AUTO

Das Auto ist der beste Begleiter auf der kurvenreichen Küstenstraße von Andratx bis zum Monestir de Lluc. In den Sommermonaten sind die Straßen jedoch verstopft und das Parken ist kompliziert.

Perfekte Tage

Der Westen Mallorcas ist die richtige Gegend, um zu wandern, in versteckten *calas* zu schwimmen oder auf den serpentinenreichen Bergstraßen zu radeln. Reich an Kultur, Kunst und Architektur bietet sie aber auch eine völlig andere Seite des Insellebens.

NATALIA FEDORI/SHUTTERSTOCK ©

Valldemossa (S. 84)

Wenig Zeit

- Wenn du dich für Kultur interessierst, kannst du nach **Valldemossa** (S. 84) fahren, um die Real Cartuja zu besichtigen. Dort sind die Räumlichkeiten sehenswert, die Frédéric Chopin mit George Sand bewohnte und wo er viele bekannte Stücke komponierte. Oder du begibst dich nach **Deià** (S. 88), um das ehemalige Wohnhaus und heutige Museum des Schriftstellers Robert von Ranke-Graves zu besuchen, der viele Jahre in diesem malerischen Bergdorf lebte. Im Sommer kannst du einem klassischen Konzert in Deià, Valldemossa oder Alfàbia lauschen.

NICHT VERPASSEN!

Im Frühling zeigt sich die Region von ihrer besten Seite: mit blühenden Wildblumen und Mandelbäumen. Es ist die perfekte Zeit zum Wandern und Radfahren. Der Herbst wird mit lokalen Festen begrüßt.

FEBRUAR

Carnaval wird auf ganz Mallorca mit Umzügen, Kostümen und Festivitäten gefeiert.

MÄRZ/APRIL

Die **Semana Santa** (Karwoche) wird auf der gesamten Insel mit Umzügen gefeiert.

APRIL

Mallorca 312 ist das anspruchsvollste Radrennen der Insel, mit steilen Etappen im Tramuntana-Gebirge.

LOGINS/SHUTTERSTOCK ©, ALEKSANDRA SUZI/SHUTTERSTOCK ©, TOMAS MIKLIK/SHUTTERSTOCK ©

Drei Tage Zeit

- Du kannst auch einen Teil des Fernwanderwegs **GR221** (S. 94) zwischen Andratx und Pollença entlanglaufen, die Haarnadelkurven von **Sa Calobra** (S. 89; nur für erfahrene Fahrrad-Fans) mit dem Fahrrad bezwingen oder von **Port de Sóller** (S. 78) aus die Küste erkunden – beim Tauchen, Segeln oder Paddelboarden. Es gibt viele versteckte Buchten und Höhlen zu entdecken. Auf der Insel **Sa Dragonera** (S. 95) kannst du die Seele baumeln lassen.

Länger Zeit

- Tauch ein in die lokale Kultur: Übernachte in einer unglaublichen Finca wie **Ca's Xorc** (S. 79), nimm an einem Kochkurs oder einem Workshop bei **Ecocirer** (S. 82) in Sóller teil, kauf auf einem der Märkte frische Produkte ein oder genieße ein besonderes Farm-to-table-Dinner (mit spektakulärer Aussicht) im Gourmet-Tempel **Béns d'Avall** (S. 80) auf einer Klippe. Noch nicht genug? Besuche die Galerie **CCA Andratx** (S. 91), erkunde die modernistische Architektur in **Sóller** (S. 78) oder sieh dir die Miró- und Picasso-Keramiken im Bahnhof von Sóller an, bevor du mit dem historischen Zug aus dem Jahr 1912 durch die Bergtunnel nach Palma zurückfährst.

MAI

Es Firó stellt die Schlacht zwischen Mauren und Christen in Sóller nach. Straßenfeste, Kostüme und viele Menschen.

AUGUST

Beim klassischen **Chopin-Festival** in Valldemossa gibt es jeden Sonntag im August Konzerte.

SEPTEMBER

Das **Internationale Musikfestival** von Deià bietet Veranstaltungen von April bis Anfang Oktober.

OKTOBER

Das **Festival der klassischen Musik** in Port de Sóller findet den ganzen Monat über im Museo del Mar statt.

SÓLLER

Bevor der Tunnel nach Sóller gebaut wurde, der heute den Ort mit dem Rest der Insel verbindet, war dies ein abgeschiedenes Fleckchen Erde. Der Haupthandel (mit Zitrusfrüchten aus dem Goldenen Tal) fand mit Frankreich statt. Wagemutige Einheimische zogen in die Welt hinaus, etwa nach Kuba und Puerto Rico, und kehrten später mit neuen Ideen und Einflüssen zurück – zu sehen an der modernistischen Architektur von Sóller und zu hören am heimischen Dialekt der Älteren.

Das hübsche Städtchen liegt in einem Tal, umgeben von Orangen- und Olivenhainen, geschützt von den Bergen. Auch die maurische Vergangenheit ist noch in der gepflegten Terrassenlandschaft und in den Namen der nahe gelegenen Orte wie Biniaraix und Alfàbia zu spüren.

Heute zieht die wohlhabende Stadt in den Bergen internationale Gäste an, die die Schönheit der wilden Tramuntana lieben.

TOP TIPP

Mit dem Zug geht's von Palma nach Sóller (1 Std.), danach mit der Tram nach Port de Sóller. Außerdem gibt es eine regelmäßige Busverbindung nach Palma, sowohl direkt als auch entlang der Küstenroute (mit Halt in Deià, Valldemossa und anderen Dörfern). Achtung: Im Sommer 2022 war das Zentrum von Sóller für Mietwagen gesperrt.

ABENTEUER-AKTIVITÄTEN IN DER NÄHE VON SÓLLER

Stehpaddeln **(SUP Sóller),** Segeln **(Bonnie Lass Charters)** oder Tauchen **(Diving Sóller)** sind in Port de Sóller möglich.

Lust auf Klettern oder auf Psicobloc? **Rock & Ride Mallorca** kann dir bei der Planung helfen. Sa Gubia, Port de Sóller und Sa Calobra bieten alle anspruchsvolle Kletterrouten.

Du bist ein Wander-Fan, aber nicht sicher, welche Route die beste ist? Buche bei **Mallorca Hiking** eine maßgeschneiderte Wanderung.

Eine magische Stadt im Goldenen Tal

MODERNISMUS IN ARCHITEKTUR UND KUNST

Nachdem du mit dem historischen Zug durch bemerkenswerte Berglandschaften und Orangenhaine gefahren und in Sóller angekommen bist, wirst du sofort mit einer Picasso- und Miró-Ausstellung begrüßt – noch bevor du den Bahnhof verlassen hast. Die Kunstgalerie **Ca'n Prunera,** die in einem modernistischen Herrenhaus untergebracht ist, hat ebenfalls eine schöne Sammlung von Miró- und Picasso-Werken.

Sóller besticht durch seinen einfachen Charme und seine schöne Architektur. Besonders hervorzuheben sind die überwiegend barocke Kirche **Sant Bartomeu,** die von Gaudís Schüler Joan Rubió ein modernistisches Upgrade erhielt, und die angrenzende **Banco de Sóller** auf der zentralen **Plaça de la Constitució.**

In der Stadt herrscht eine entspannte Atmosphäre. Die meisten Leute sitzen in einem der Straßencafés und unterhalten sich, Kinder spielen an Brunnen und in der Haupteinkaufsstraße **Calle Luna** herrscht vor allem am frühen Abend reges Treiben.

Oft finden Festivals, Konzerte oder ein Markt (samstags) statt, was Sóller echte Strahlkraft verleiht.

Die Fahrt zum nahe gelegenen **Port de Sóller** mit seinen bezaubernden Stränden und der von Cafés und Restaurants gesäumten Promenade erfolgt bequem mit der historischen Straßenbahn.

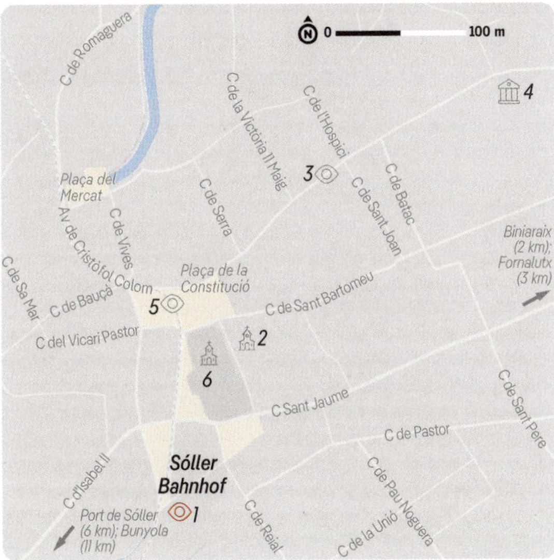

HIGHLIGHTS
1 Bahnhof Sóller

SEHENSWERTES
2 Banco de Sóller
3 Calle Luna
4 Ca'n Prunera – Museu Modernista
5 Plaça de la Constitució
6 Kirche Sant Bartomeu

Bergdörfer in der Tramuntana

BINIARAIX, FORNALUTX UND BUNYOLA BESUCHEN

Eine angenehme Wanderung vom Zentrum Sóllers aus führt zum Weiler Biniaraix (25 Min. zu Fuß) und anschließend nach Fornalutx (30 Min. zu Fuß), das als eines der schönsten Dörfer Spaniens gilt. Wenn dir die Touristen im Sommer zu viel werden, kannst du mit dem Zug nach Bunyola (15 Min.) fahren und dort eine Reise in die Vergangenheit antreten.

Biniaraix (Wegweiser dahin in der Calle Luna von Sóller) besteht aus steilen gepflasterten Gassen und Treppen. Die Häuser mit grünen Fenstern und Türen säumen Blumenkästen. Auf dem Platz vor der Kirche befinden sich im Schatten der Steinmauern und Platanen das ausgezeichnete Restaurant Es Barranc und ein Café. Dieser bei Wandernden beliebte Ort ist ein guter Zwischenstopp auf dem Weg nach Fornalutx. Dorthin führen eine anspruchsvollere dreistündige Route durch die Schlucht Barranc de Biniaraix mit unglaublichen Ausblicken auf die Küste oder eine einfachere Route weiter unten.

In **Fornalutx** gibt es mehrere hervorragende Restaurants (bei hohem Andrang reservieren). Der Reiz des Ortes liegt darin, einfach durch die steilen, von Bougainvilleen umrankten Gassen zu schlendern oder nach der Wanderung auf dem fried-

UNTERKUNFT IM GOLDENEN TAL

Ca's Xorc
Schwer erreichbar, aber einmal angekommen, wirst du nicht mehr fortwollen. Umgebung, Essen, Zimmer: fantastisch. **€€€**

Bikini Island & Mountain Hotel, Port de Sóller
Superstylisch, mit Blick auf den Hafen. Lass die Kinder daheim. **€€€**

Ecocirer
Eine Öko-Herberge im Zentrum von Sóller, in der du dich wie zu Hause fühlst. Mit Kochschule. **€€**

MAGDANATKA/SHUTTERSTOCK ©

Biniaraix (S. 79)

DIE BESTEN RESTAURANTS IM GOLDENEN TAL

Béns d'Avall
Bemerkenswertes Essen in einer zauberhaften Umgebung auf den Klippen mit Blick aufs Meer in Deià (reservieren). €€€

La Casona
Stilvolle Einrichtung, freundliches Personal und gute Küche im Zentrum von Sóller. €€

NENI Mallorca
Innovative israelisch-orientalische Küche in einer fantastischen Kulisse mit Blick auf den Hafen von Sóller (Reservierung dringend empfohlen). €€€

Villa Luisa Sóller
Beliebtes, stilvolles Restaurant an der Strandpromenade von Port de Sóller. €€

lichen Platz bei einem wohlverdienten Kaffee und Kuchen zu entspannen. Es gibt nur ein Taxi (oft sehr beschäftigt) und wenige Busverbindungen – also stell dich darauf ein, dass du wohl zu Fuß zurück nach Sóller gehen wirst.

Wenn du am Bahnhof von **Bunyola** ankommst, kannst du dich auf dem begrünten Hauptplatz entspannen. Hier gibt es ein paar Geschäfte. Der Ort hat etwa 6000 Einwohner:innen, deshalb ist hier mehr los als in Fornalutx, aber es ist trotzdem sehr angenehm ruhig. Die Umgebung ist wegen ihrer Wälder, Herrenhäuser und Bergpfade bei Rad- und Wander-Fans sehr beliebt. Die nahe gelegenen Jardins de Alfàbia, ein Zeugnis maurischer Gartenbaukunst, sind ein friedlicher Ort voller Wasserspiele und exotischer Pflanzen.

UNTERKUNFT IM GOLDENEN TAL

Hotel Ca'n Roses
Elegant, in alter Ölmühle mit Innenhof und palmengesäumtem Garten mit Pool und Liegestühlen in Sóller. **€€€**

Son Salas
Bauernhaus aus dem 17. Jh. mit Orangen-, Oliven-, Zitronen- und Avocadobäumen und toller Bergkulisse in Sóller. **€€€**

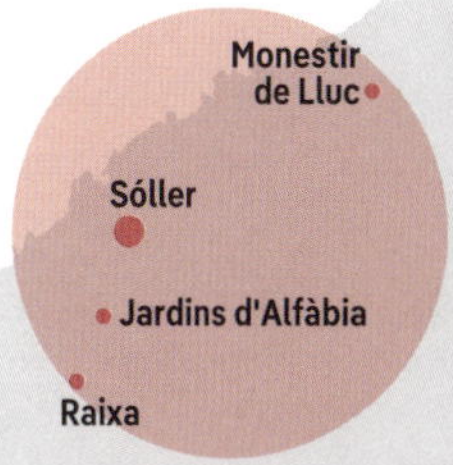

Rund um Sóller

Das Tal von Sóller ist reich an wunderschönen Gärten. Die Botanischen Gärten bei Raixa und die Jardins de Alfàbia sind ein Muss – ebenso wie Sa Calobra und das Santuari de Lluc.

Nachdem du dich an den Gärten von Raixa und den Jardins de Alfàbia sattgesehen hast, folgst du der Bergstraße von Sóller in Richtung Pollença, um die unglaubliche Schönheit der Bucht von Sa Calobra zu entdecken, einem versteckten Strand zwischen riesigen Kalksteinfelsen. Gleich daneben liegt die ebenso beeindruckende Schlucht Torrent del Pareis. Wenn dir die Fahrt zu anstrengend ist (12 km mit vielen Haarnadelkurven), kannst du diese Juwelen auch mit dem Boot von Sóller aus erreichen.

Weitere lohnende Zwischenstopps entlang der Route sind der Mirador de Ses Barques, der einen faszinierenden Panoramablick bietet, und die beiden Stauseen Cúber und Gorg Blau am Fuße von Mallorcas höchstem Gipfel, dem Puig Major.

Im Anschluss geht es weiter zum Santuari de Lluc, dem spirituellen Herzen der Insel.

TOP TIPP

Mit dem Auto lässt sich die Strecke im eigenen Tempo zurücklegen, aber auch mit dem Linienbus (eingeschränkter Service) ist die Tour möglich. Das Kloster bietet eine einfache Herberge.

Jardins de Alfàbia (S. 82)

Santuari de Lluc (Monestir de Lluc)

DAS SPIRITUELLE HERZ MALLORCAS

Dieses Bergkloster (die Kapelle stammt aus dem 13. Jh., die heutigen Gebäude aus dem 17. und 18. Jh.) ist bekannt für seinen Chor Els Blauets und gilt als spirituelles Herz Mallorcas – gleichermaßen beliebt bei Leuten, die pilgern, wandern oder nach Ruhe suchen.

Du kannst auch den umliegenden Wald erkunden. Für Wandernde bilden der Puig de Massanella, der Puig de Tomir, der Puig Roig und der Puig dén Galileu nahe gelegene Ziele für anspruchsvolle Wanderungen. Das Kloster bietet einfache, aber komfortable Übernachtungsmöglichkeiten. Wer mit Kindern reist, kann sich an kleinem Spielplatz, Pool, Botanischem Garten und Picknickplatz erfreuen und die herrliche Natur genießen. Das traditionelle Restaurant Sa Fonda bietet Frühstück, Mittag- und Abendessen. An stark frequentierten Wochenenden empfiehlt es sich, zu reservieren. Auch Radfahrende steuern das Kloster gern an (es liegt auf einer Radroute). Nachts gibt es die Möglichkeit, abseits der Lichtverschmutzung die Sterne zu beobachten.

Am ersten Samstag im August kannst du an einem Pilgermarsch (Sternmarsch) teilnehmen: Tausende Leute laufen im Fackelschein zum Kloster (von Palma sind es 42 km zu Fuß). Es ist ein stimmungsvolles und unvergessliches Erlebnis.

TOP TIPP

Sóller Shirley alias Shirley Roberts ist Autorin und Hochzeitsrednerin und kam vor über 20 Jahren von London nach Mallorca. Sie betreibt: *sollerweb.com*

„Es gibt einen Moment, der alle vereint, die das Tal von Sóller lieben: Wenn man aus dem Tunnel rausfährt und über die Bergstraße auf Sóller zufährt, erzeugt der Anblick Gänsehaut. In diesem Moment wird man zum Sólleric – entweder als regelmäßig wiederkehrender Gast oder man zieht hierher. Dies ist eine ‚Insel auf der Insel', auf der Französisch genauso verbreitet ist wie Spanisch. Alle leben hier ihren Traum. Das Tal, die Berge, das Meer und die Traditionen: Sie machen die Seele von Sóller aus."

Gärten mit maurischer Vergangenheit

RAIXA, ALFÀBIA UND DIE BOTANISCHEN GÄRTEN VON SÓLLER

Raixa diente als Inspiration für die Schriftstellerin Agatha Christie. Der großartige Landsitz war ursprünglich ein maurisches Anwesen und gehörte später einem Grafen, der römische Antiquitäten sammelte. Der Garten ist wirklich bemerkenswert.

Die **Jardins d'Alfàbia** zeugen von der maurischen Gartenbaukunst. Sie verfügen über zahlreiche Wasserspiele und Palmen. Es gibt auch ein gemütliches Gartencafé. Kids lieben die Sprinkleranlagen im Bogengang. Von Zeit zu Zeit finden in dieser zauberhaften Umgebung auch Sommerkonzerte statt.

Der **Botanische Garten von Sóller** beherbergt eine Sammlung von Pflanzen der Balearen und anderer Mittelmeerinseln wie Kreta, Sizilien, Malta, Korsika und Sardinien. Es sind auch viele kanarische Arten zu sehen. Dies ist ein erholsamer Ort – mit Obstgärten, einem Naturkundemuseum und einem Forschungszentrum.

ALTERNATIVE AKTIVITÄTEN IN SÓLLER

S'Espai
Absolviere eine Yogastunde mit herrlichem Blick vom Studio aus auf die Berge.

Lula Luca
Besuche einen Keramik-Workshop bei Luciana.

Ecocirer
Die Kids wollen kochen lernen? Buche einen Kurs bei Barbara.

PROSLGN/SHUTTERSTOCK ©

Torrent de Pareis

LOCAL TIPP

Javier Marín García ist Vollzeit-Wanderguide und Gründer von mallorcamountains.com. Er verrät sein liebstes Inselabenteuer:

„Mallorcas natürliche, wilde Landschaften sind wunderschön, besonders die der Bergregionen. Es ist schwierig, sich für einen Lieblingsort zu entscheiden, aber wenn ich wählen müsste, wäre es **Entreforc.** Das ist der Schnittpunkt zweier Schluchten und der Beginn einer größeren, des **Torrent de Pareis.** Er wird von fast 400 m hohen Kalksteinwänden eingefasst; wenn du hinaufschaust, spürst du die Erhabenheit des Ortes.

Hier habe ich viele unvergessliche Abenteuer erlebt, vor allem beim Klettern. Einmal hingen wir vier Tage lang an der Wand, um eine riskante, 300 m lange Kletterpartie zu beenden. Schließlich erreichten wir den Gipfel der Kalksteinformation. Diese Herausforderung wäre ohne meine tollen Mitstreiter nicht möglich gewesen!"

ERKENNST DU ...

... diese Baumsorten?
Johannisbrot, Zypresse, Mandel, Olive, Orange, Granatapfel, Pistazie

... diese Pflanzen?
Heidekraut, Hibiskus, Gladiolen, Wilder Spargel

... diese Schmetterlinge?
Kleopatra-Falter, Perlmutterfalter, Kleiner Monarch

VALLDEMOSSA & DIE WESTKÜSTE

Die Westküste ist ein atemberaubend schöner, wilder Küstenabschnitt, an dem mehrere bezaubernde Dörfer und Städte der Tramuntana liegen, darunter der Kultur-Hotspot Valldemossa, das hübsche Banyalbufar, das direkt am Meer auf den Klippen thront, und das Postkarten-Idyll Deià.

Besonders reizvoll ist es, diesen Teil der Insel mit dem Boot zu erkunden, indem du die Küste entlangfährst und unterwegs an den *calas* eine Pause einlegst.

Das Tramuntana-Gebirge ist auch ein ideales Wandergebiet mit Wegen an der Küsten und im Landesinneren.

TOP TIPP

Die Küste lässt sich am besten mit dem Mietwagen erkunden. Parken ist in Deià sehr schwer und die Straße ist im Sommer häufig verstopft. Die Vor- oder Nachsaison sind deshalb besser. Von Sóller und Palma aus gibt es eine Busverbindung nach Deià und Valldemossa. Taxis sind im Sommer nur schwer zu bekommen.

Klassische Musik & Klöster

AUF DEN SPUREN VON CHOPIN UND GEORGE SAND

Die Fahrt nach **Valldemossa** vorbei an Pinienwäldern, Olivenhainen und herrschaftlichen Fincas ist eine der schönsten auf Mallorca. Stell den Wagen auf einem der beiden Parkplätze direkt am Ortseingang ab und erkunde das charmante hügelige Gassenlabyrinth mit hübschen (und eher touristischen) Läden, Kunstgalerien, stimmungsvollen Kirchen und mehreren gemütlichen Plätzen voller Cafés.

Orientierung verschaffen die Tafeln am Touristenbüro. Einige Straßen sind etwas steil. Die meisten Gäste machen sich direkt auf den Weg zur **Real Cartuja,** dem Kartäuserkloster, in dem der Komponist Frédéric Chopin und die Autorin George Sand 1838/39 wohnten. In ihrem Buch *Ein Winter auf Mallorca* schrieb sie über diesen Aufenthalt: „Alles, wovon ein Dichter oder Maler träumt, hat die Natur hier geschaffen". Die Zellen des Klosters wurden an Künstler, Autoren (darunter Rubén Darío und Jorge Luis Borges) und Musiker vermietet. Chopins spartanische Räume verfügten über eine große Terrasse mit sehr hübscher Aussicht. Hier schrieb er viele seiner berühmten Musikstücke.

Auch die Museen in der Nähe sind einen Besuch wert, darunter das **Museu d'Art Contemporani de Valldemossa,** das Werke von Picasso und Miró beherbergt.

Die luftigen Galerieräume der **Fundació Cultural Josep Coll Bardolet** beherbergen die Privatsammlung des Künstlers Coll Bardolet. Es finden auch Sonderausstellungen statt.

PFLICHT-EVENTS IN VALLDEMOSSA

La Beata (28. Juli)
Die jährliche Feier zum Gedenken an Santa Catalina Tomás mit Umzügen, Dudelsackspielern, Marschkapellen, Trachten und einem Triumphwagen.

Chopin-Festival (August)
Das 1930 gegründete Festival bringt jedes Jahr im August bedeutende Komponist:innen und Interpret:innen in einer Konzertreihe zusammen. International bekannte Pianist:innen spielen unter dem Sternenhimmel auf dem Gelände der Real Cartuja. Ticket im Voraus kaufen!

SEHENSWERTES

1 Banyalbufar
2 Cala Deià
3 Deià
4 Esporles
5 Estellencs
6 Sa Foradada
7 Serra de Tramuntana
8 Son Moragues
9 Torre des Verger
10 Valldemossa

Inseltraditionen

OLIVENÖL AUS DER SERRA DE TRAMUNTANA

Mallorca ist bekannt für seine jahrhundertealten Olivenhaine und seine hochwertigen Olivenöle. Das Landgut **Son Moragues,** nahe Valldemossa in einer fantastischen Berglandschaft gelegen, bietet die einmalige Gelegenheit, von lokalen Fachleuten alles über Geschichte, Anbau und Pflege von Oliven sowie über die Herstellung von Olivenöl in der Tramuntana zu erfahren. Son Moragues hat verschiedene Aktivitäten und Touren im Programm.

ÜBERNACHTEN IN VALLDEMOSSA

Mirabó de Valldemossa
Rückzugsort; eine Finca aus dem 16. Jh. in herrlicher Landschaft, etwa 1,5 km von Valldemossa. Ideal für Wanderer. **€€**

C'as Papà
Kleines, charmantes Hotel, zentral gelegen, einladend und voller Charakter. **€€**

Hotel Continental
Modernes Hotel mit tollem Meerblick; luxuriöser Aufenthalt mit großem Pool; Zugang zu Wanderrouten und Meer. **€€€**

KUNSTHANDWERK

Santa Palma
Handgefertigte traditionelle Taschen im modernen Design, die in Inca aus *llata* (sonnengetrockneten Palmblättern) entstehen. Webshop: santapalma.com.

Mel Vici
Honig aus Alaró von mehr als 200 Bienenstöcken; geerntet wird Orangen-, Eichen-, Johannisbrot- und Heidehonig, erhältlich in Alaró und Palma.

Formatges Burguera
Die Brüder Jaime und Sebastián Burguera stellen in ihrer Manufaktur hochwertigen Käse her.

EMILY MARIE WILSON/SHUTTERSTOCK ©

Torre des Verger

Der zweistündige Workshop namens **Olivenöl-Studio** informiert über den historischen, 700 Jahre alten Olivenhain und die ökologische Olivenölproduktion. Das Ganze wird mit einer Verkostung (mit Brot und Käse aus der Region) abgerundet. Du kannst auch an der Olivenernte teilnehmen, wenn du zu dieser Zeit auf der Insel bist (weitere Infos siehe Website).

Wer Wissenswertes zur Olive mit einem Spaziergang in der Serra Tramuntana verbinden möchte, kann sich der geführten vierstündigen Wanderung auf den Naturpfaden des Anwesens Son Moragues zum herrlichen Aussichtspunkt **Ses Puntes** anschließen, begleitet von einem Picknick mit Bioprodukten des Hofs. Der längere, sechsstündige Spaziergang zur Schutzhütte *(refugio)* wartet mit Erklärungen zur Kulturlandschaft, zu Traditionen und natürlich zu Oliven auf.

Traditionelle Dörfer & Küstenpfade

ÜBER MÄRKTE SCHLENDERN UND DAS AUTHENTISCHE MALLORCA ENTDECKEN

Auf der schönen kurvenreichen Küstenstraße von Andratx nach Deià rauschen die meisten Reisenden an ruhigeren Orten wie dem Klippendorf Estellencs oder dem verschlafenen

IN DER NÄHE VON ESPORLES

Raixa
Auch ein schöner Landsitz mit tollen Gärten und kleiner Ausstellung. Er hat maurische Ursprünge.

Club Hipico La Gubia
Reitzentrum nahe Raixa: mehrstündige Ausritte und Reitkurse, auch für Kids (Sommercamps).

Städtchen Esporles vorbei. Ein Zwischenstopp kann sich aber lohnen, denn die Gegend ist ein Paradies für Leute, die gern wandern oder Rad fahren. Hier findet man die authentische Seite Mallorcas.

In **Estellencs** mit seinen 300 Einwohner:innen geht das Leben ganz gemächlich seinen Gang. Der Dorfladen heißt Un Poc de Tot („Ein bisschen von allem") und es gibt eine Handvoll Cafés. Das Restaurant Es Grau ist ein guter Ort für ein Mittagessen. Von seiner Terrasse aus bietet sich ein toller Blick auf das Meer. Die Sandsteinhäuser des Dorfes sind von farbenprächtigen Bougainvilleen umrankt. Tu es den Einheimischen gleich und schlängel dich an Olivenbäumen und Zitronenhainen vorbei hinunter zum kleinen Hafen. Die Cala Estellencs besteht aus Kieselstrand, Fischereihafen und einer kleinen Strandbar, die einfache Snacks und kühle Getränke serviert.

Esporles hingegen ist ein hübsches Bergdorf, das mit einer schattigen Platanenallee willkommen heißt. Nur 20 Autominuten von Palma entfernt und doch eine Welt für sich – hier vergeht die Zeit wie im Flug. Samstag ist Markttag. Im Zentrum steht eine große gotische Kirche, und ein Bach quert die Stadt.

FIRA DOLÇ – SÜSSES FEST

Anfang Oktober findet in Esporles das Fest der Süßwaren statt. Du kannst lokale Leckereien wie *bunyols* (Krapfen), *crespells* (Kekse) und *ensaïmades* (süßes und herzhaftes Gebäck) probieren. Außerdem gibt es Back- und Kochshows. Für die Unterhaltung der Kids ist durch die Handwerksstände und die Musik der *xeremiers* (ein dudelsackähnliches Instrument) gesorgt.

Küstenstraßen & Historisches

BANYALBUFAR UND DER TORRE DES VERGER

Zu den interessantesten historischen Zeugnisse der Insel zählen die steinernen Wachtürme aus dem 16. und 17. Jh., die die Küsten säumen. Sie erinnern an die Zeit der Piratenüberfälle. Früher bildeten rund 50 dieser Türme eine Art Frühwarnsystem. Sie warnten die anderen Türme und somit die Bewohner vor bevorstehenden Gefahren – tagsüber mit einem Rauchsignal und nachts mit einer kodierten Serie aus Leuchtsignalen.

Entlang der Westküste gibt es heute noch mehrere Wachtürme. Der **Torre des Verger** in der Nähe von Banyalbufar stammt aus dem Jahr 1579 und ist einer der ältesten auf der Insel. Er ist auch als Torre de ses Ànimes (Turm der Seelen) und für einen spektakulären Ausblick bekannt. Von ihm aus wurden die Wachtürme in Valldemossa, Deià, Port de Sóller und Sa Dragonera gewarnt.

Halte auf der Küstenstraße in **Banyalbufar** (16 km von Valldemossa entfernt) – der Name ist maurischen Ursprungs und bedeutet „Weinberg am Meer". Der Ort ist berühmt für den Anbau der Malvasia-Trauben auf den beeindruckenden Terrassen, die zum Meer hin abfallen – ein landwirtschaftliches Erbe der Mauren. Auch Tomaten und andere Obst-

KLASSISCHE MUSIK

Für Klassik-Fans ist das **Internationale Musikfestival von Deià** (S. 77) ein fester Bestandteil des Veranstaltungskalenders. Viele Events finden in Son Marroig statt. Rechtzeitig online buchen.

AUSSICHTSPUNKTE AN DER WESTKÜSTE

Sa Foradada
Am Landgut Son Marroig, zwischen Deià und Valldemossa, bietet sich ein toller Blick auf den Sonnenuntergang.

Torre des Verger
Mallorcas ältester Wachturm, zwischen Banyalbufar und Estellencs. Erklimme die Stufen für eine unglaubliche Aussicht.

Far de Cap Gros
Wandere, radle oder fahre zum Leuchtturm und genieße einen atemberaubenden Blick über das Gebirge und das Meer.

WACHTÜRME GEGEN PIRATEN

Aufgrund seiner Lage diente Mallorca schon früh als Handelsknotenpunkt, bereits zur Zeit der Phönizier, Karthager, Byzantiner, Griechen und Römer. Als die Piratenüberfälle zunahmen, wurden etwa 50 steinerne Wachtürme gebaut, die eine wichtige Rolle beim Schutz der Insel spielten. Heute sind noch bemerkenswerte Exemplare erhalten, darunter der **Torre des Verger** (Banyalbufar, S. 87), der **Talaia d'Albercutx** (Pollença), von dem aus man einen unglaublichen Blick auf das Cap de Formentor hat, und der **Torre d'Albarca** im Naturpark Llevant, von dem aus Menorca zu sehen ist.

und Gemüsesorten gedeihen hier. Es ist ein ruhiger Ort mit nur wenigen Läden, Cafés und Galerien. Nimm ein Bad am kleinen Kiesstrand der ruhigen Cala Banyalbufar unterhalb des Dorfes.

Rückzugsorte & Gaumenfreuden

DEIÀ, HEIMAT DER KREATIVEN

Es war der Schriftsteller Robert von Ranke-Graves (*Ich, Claudius*; *Strich drunter!*), der das bildhübsche **Deià** auf die Weltkarte hievte, nachdem er 1929 auf der Suche nach Sonne und einem friedlichen, kreativen Leben in das Dorf gezogen war. Heute kannst du sein ehemaliges Haus **Ca n'Alluny** (das Haus in der Ferne) besichtigen, in dem sich auch sein Arbeitszimmer befindet. Graves wurde hier von Persönlichkeiten wie Ava Gardner, Alec Guinness, Peter Ustinov und Kingsley Amis besucht.

Das malerische Bergdorf wirkt, als sei es einem kubistischen Gemälde entsprungen. In jüngerer Zeit ist es bei vielen Persönlichkeiten der Kunst- und Musikszene angesagt (Sting, Bob Geldolf, die Gallaghers, um nur einige zu nennen). Die Bar **Sa Fonda** hat sich als Zentrum für abendliche Zusammenkünfte etabliert. „La Res" (das schöne **Hotel La Residencia**) bietet Kunsttouren im Dorf an, bei denen man einheimische Künstler:innen kennenlernt und ihnen bei der Arbeit in ihren Ateliers zusieht. Oder du belegst einen Kunstkurs (Malerei, Keramik, Bildhauerei) oder einen Schreibkurs.

Im Sommer sind das Dorf und die felsige Cala unterhalb des Orts stark frequentiert – momentan auch aufgrund des Erfolgs der TV-Adaption des Romans *The Night Manager*, in der das Restaurant **Ca's Patró March** prominent in Szene gesetzt wird. Ein Besuch in der Nebensaison ist empfehlenswert (das Dorf hat nur sehr begrenzte Parkmöglichkeiten, und dieser Abschnitt der kurvenreichen Küstenstraße kann im Sommer verstopft sein). Unterstütze die lokalen Unternehmen.

Erkundungstour auf dem Meer

BOOTSFAHRT NACH DEIÀ UND SA FORADADA

Den Sommerstau auf der kurvenreichen Küstenstraße von Deià vermeidest du, indem du mit dem Boot anreist.

Vom nahe gelegenen Port de Sóller aus lassen sich ganz- oder halbtägige Segeltouren entlang dieses wunderschönen Küstenabschnitts organisieren. Du kannst schnorcheln, schwimmen, SUP fahren oder angeln, Kalksteinhöhlen erkunden, in ruhigen Felsbuchten entspannen, in **Cala Deià** zu Mittag essen oder in der Nähe der berühmten Landzunge **Sa Foradada** vor Anker gehen.

ESSEN IN VALLDEMOSSA

Es Taller
Beliebtes Lokal, freundlicher Service, gute Küche. **€€**

Es Roquissar
Hübsche, stimmungsvolle Umgebung und mediterrane Küche. **€€**

La Posada
Wunderschöne Aussicht. Für Fans von Grillfleisch. **€€**

Sa Foradada

Ein Lunch im Ca's Patró March in Cala Deià, das sich in die Felsen über dem Meer schmiegt, ist idyllisch. Eine Paella vom Holzherd und dazu ein kühles Getränk im Schatten mit Aussicht aufs Wasser, so lässt es sich aushalten. Obwohl das Restaurant (ohne Boot) von Deià aus nicht so leicht zu erreichen ist (ein 30-minütiger Fußmarsch ab der Finca Son Marroig), ist es sehr beliebt. Also reserviere unbedingt.

Aktiv in der Serra de Tramuntana

WANDERN, RADFAHREN UND KLETTERN IN EINEM UNESCO-WELTNATURERBE

Die Gebirgskette, die sich über die gesamte Westküste erstreckt, bietet eine großartige Kulisse. Auch wenn die Küstenstraße mit ihren schwindelerregenden Aussichten über das Meer oder ihren Haarnadelkurven hinunter nach Sa Calobra für unvergessliche Fahrerlebnisse sorgt, lässt sich das Gebirge doch am besten zu Fuß oder mit dem Fahrrad erkunden. Wegen des anspruchsvollen, steilen Geländes, des milden Klimas über weite Teile des Jahres hinweg und der herrlichen Landschaften entlang der Strecke sind die Berge bei **Radfahrer:innen** unglaublich beliebt. Das Gebiet ist zudem ein **Wander-Eldora-**

DIE BESTEN RESTAURANTS IN DEIÀ

Es Racó d'es Teix
Raffinierte mediterrane Küche in wunderschöner Umgebung (reservieren). €€€

El Olivo
Zücke deine Kreditkarte für dieses romantische Restaurant im Hotel La Residencia in traumhafter Kulisse. Auch gut für einen Nachmittagstee. €€€

Restaurante Sebastián
Hochwertige regionale Küche in einem einladenden Restaurant am Zitronengarten mit herrlicher Terrasse. €€

Restaurant Nama
Atmosphärische Thai-Fusion-Küche, gute Wahl für Veganer/Vegetarier (reservieren), aber das Wichtigste ist die Aussicht. €€

Ca's Patró March
Fischrestaurant am Meer in Cala Deià mit toller Terrasse. Es kam in *The Night Manager* vor. Ausgezeichnetes Essen in wunderschöner Umgebung (reservieren). Im Sommer mit Wartezeit. €€

ÜBERNACHTEN IN DEIÀ

La Residencia
Luxushotel auf einem wunderschönen Anwesen mit Blick auf das Dorf. **€€€**

Es Molí Hotel
Vier-Sterne-Komfort in einem ehemaligen Landgut; mit eigener Bucht und mit Pool, Restaurants und Gärten. **€€**

Hotel Des Puig
Charmantes Dorf-Boutiquehotel mit Bergblick, Pool und Terrassen. **€€**

BESTE WANDERUNGEN

Von Sóller bis Deià
(leicht, 4 Std.) – Teil der Fernwanderwegs GR221.

Puig des Teix
(mittel, 4 ½ Std.) – der alte Pfad des Erzherzogs, 14 km von Valldemossa entfernt.

Puig de Galatzo
(mittel, 4 Std.) – wähle die Route von Estellencs durch die Wälder, mit Panoramablicken entlang des Weges.

Fita del Ram
(leicht, 1 ½ Std.) – Aufstieg von Esporles zur Ermita und weiteren Aussichtspunkten.

Straße nach Sa Calobra

do, aber auch fürs Klettern, Canyoning, Coasteering und Psicobloc (Soloklettern über Wasser) bekannt.

Die Wanderrouten sind größtenteils gut ausgeschildert. Lokale Unternehmen wie Mallorca Hiking bieten geführte, auch maßgeschneiderte Touren – abgestimmt auf dein Niveau. Frühling und Herbst sind die besten Jahreszeiten für diese Outdoor-Aktivitäten. Im Sommer ist es oft zu heiß zum Wandern. Entlang des Weges gibt es eine Reihe von Berghütten. Wenn du also den anspruchsvollen 80 km langen Wanderweg von Andratx nach Pollença über die Tramuntana ganz (oder teilweise) bewältigen willst, findest du Übernachtungsmöglichkeiten.

Eines der größten Vergnügen beim Küstenwandern ist es, hinunter zum Ufer zu klettern und dort in versteckten Calas ein Bad zu nehmen. Mallorcas Kalksteinfelsen eignen sich hervorragend für **Kletterpartien** und dieser Sport wird auf der Insel immer beliebter. **Ausritte** in den Gebirgsausläufern sind auch eine Option. Reitställe gibt es in der Nähe von Bunyola.

ESSEN IN DER SERRA DE TRAMUNTANA

Es Guix
Kleines Steinhaus im Wald mit Naturpool; an der Straße von Sóller nach Pollença und in der Nähe des Santuari de Lluc. **€€**

Sa Foradada
Klippenflair mit unglaublicher Aussicht; die kurze Wanderung nach unten macht Appetit auf Paella. **€€**

Es Verger
Rustikale Küche auf der Bergstraße zum Castell d'Alaró. **€**

ANDRATX & DER SÜDWESTEN

Andratx ist die größte Stadt im Südwesten von Mallorca. Mit ihrer entspannten Atmosphäre, der interessanten Galerie CCA und dem einfachen Zugang zum Gebirge und zur Küste ist dies ein guter Ausgangspunkt für die Erkundung. Das nahe gelegene Port d'Andratx hat sich von einem beschaulichen Fischerhafen zu einem schillernden internationalen Yachthafen mit einer Promenade voller Restaurants, Geschäfte und Galerien gemausert.

Entlang der Küste befindet sich Cala Llamp, ein angenehmer Ort, um die Seele baumeln zu lassen. Weiter in Richtung Palma liegen Cap de Cala Figuera und Cala Portals Vells mit kristallklarem Wasser und kleinen Sandbuchten, die von alten Höhlen umgeben sind. Sant Elm ist ein weiterer ruhiger Ferienort.

Von Andratx aus kannst du die Serra de Tramuntana erkunden. Rund um den Puig de Galatzò gibt es zahlreiche Wanderwege. Die Ma-10 bietet eine tolle Panoramafahrt.

TOP TIPP

Andratx (45 Min. von Palma mit Auto) ist zwar mit dem Bus von Palma aus zu erreichen (1 Std.), aber für diese Gegend ist ein Mietwagen die beste Option. Auch Wander- und Fahrradtouren sind möglich. Alternativ lässt sich die Küste per Boot entdecken.

Sandige Ausflüge im Südwesten

CALAS UND VERSTECKTE BUCHTEN ERKUNDEN

Im Südwesten gibt es viele ruhige Buchten oder Calas. Packe also ein Buch und ein Picknick ein, zieh dir feste Schuhe an und vergiss nicht deinen Sinn für Abenteuer – denn für einige weniger bekannte Perlen musst du über ein paar Felsen kraxeln.

In **Calvia** (25 Autominuten von Andratx) liegt **Cala Portals Vells,** eine wunderschöne Bucht mit türkisfarbenem Wasser und Pinien. Hier gibt es alte Höhlen zu entdecken. In der Nähe findest du Parkplätze (wenn du früh genug kommst). Oder versuch es mit der **Platje del Rei** bei Magaluf. Noch beliebter ist die **Platje de Mago,** zu der es zwar etwas steil bergab geht, die aber wegen des Sandstrandes und der unglaublichen Aussicht lohnt. Sie ist ein guter Ort zum Schnorcheln oder Tauchen. Folge den Stufen im Schatten der Bäume von Sol de Mallorca, um zur **Caló de sa Nostra Dama** hinunterzulangen, einer perfekten Bucht mit klarem Wasser und weißem Sand. Die **Cala Llamp** ist ein herrlicher Ort zum Sonnenbaden. Diese idyllische Kulisse, begrenzt von Pinienwäldern und Kalksteinfelsen, liegt nur 2 km von Port d'Andratx entfernt. Etwas oberhalb befindet sich der fantastische **Gran Folies Beach Club** mit einem Salzwasserpool und Restaurants. Miete dir ein *llaüt,* ein traditionelles mallorquinisches Boot, um diese Buchten vom Wasser aus zu erreichen.

Die **Cala Conills** im ruhigen **Sant Elm** (20 Autominuten von Andratx entfernt) ist eine felsige Bucht mit ins Meer ragenden Felsbecken und Felsvorsprüngen. Es ist ein wunder-

CCA ANDRATX

Diese Galerie in Andratx ist eines der größten Zentren für zeitgenössische Kunst in Europa. Das ganze Jahr über werden hier Ausstellungen internationaler und lokaler Künstler:innen gezeigt. Im Rahmen eines Artist-in-Residence-Programms stehen vier Ateliers Kunstschaffenden aus dem In- und Ausland für Kurzaufenthalte offen. Die Galerie zeigt eine spannende Mischung aus Gemälden, Skulpturen, Fotografien und Installationen.

ANDRATX & DER SÜDWESTEN
Sa Dragonera
1
Sant Elm
8
S'Arracó
Andratx
2
Port
d'Andratx
Es Camp
de Mar
3
Cala
Fornells
Mittelmeer

HIGHLIGHTS
1 Sa Dragonera

SEHENSWERTES
2 Andratx
3 Cala Llamp
4 Cala Portals Vells
5 Caló de sa Nostra Dama
6 Platje de Mago
7 Platje del Rei
8 Sant Elm

WARUM ICH DIE TRAMUNTANA LIEBE

Laura McVeigh,
Autorin

„Das Licht und die Energie in dieser Gegend haben einfach etwas Magisches. Eine meiner Lieblingsbeschäftigungen ist das Wandern in der Serra de Tramuntana. Da ist für jeden Anspruch etwas dabei, die Landschaften sind abwechslungsreich und spektakulär. Vor allem die Aussicht von La Trapa auf Sa Dragonera ist atemberaubend. Die alten Gebäude und Ruinen entlang des Weges bieten einen Einblick in die Inselgeschichte. Das Stadtleben von Palma ist nur eine kurze Autofahrt entfernt, und doch fühlt es sich an wie eine andere Welt."

DENIS ZHITNIK/SHUTTERSTOCK ©

Sa Dragonera

schöner Ort zum Schnorcheln, Tauchen oder um den Sonnenuntergang mit Blick auf die kleine Illa Pantaleu und die Insel Sa Dragonera zu genießen.

Tramuntana-Pfade

EINIGE LEGENDÄRE WANDERROUTEN

Andratx ist ein idealer Ausgangspunkt für einen Wanderurlaub, da von hier aus einige fantastische Wanderwege leicht zu erreichen sind. Einer der landschaftlich reizvollsten ist **La Trapa,** ein drei- bis vierstündiger Rundweg ab Sant Elm. La Trapa bezeichnet die Ruine eines Klosters. Der gewundene Pfad durch

ESSEN NAHE ANDRATX

Restaurant Cala Conills, Sant Elm
Für Meeresfrüchte-Fans: mit unglaublicher Aussicht und professionellem Service. **€€**

Cala Cap Falcó
Kleines, aber formvollendetes *chiringuito* mit frischem Fisch, lokalen Gerichten und kühlen Getränken am Strand. **€**

Restaurant Illetes, Camp de Mar
Atmosphärischer Ort für Paella, Meeresfrüchte und Sangria. Magischer Sonnenuntergang. **€€**

das Naturschutzgebiet führt dich hoch an der Küste entlang, vorbei an anderen alten Ruinen, bis du das Kloster erreichst, von dem aus sich ein unglaublicher Blick auf die Insel Sa Dragonera bietet. Um der Hitze zu entgehen, solltest du die Wanderung am besten im Frühling oder Herbst unternehmen.

Ein weiterer legendärer Rundweg ist der 13 km lange **Camí de S'Arxiduc** von Valldemossa aus, der atemberaubende Aussichten auf die Küste bietet – am besten erwanderst du ihn an einem klaren Tag. Dies war ein Lieblingsweg des Erzherzogs Ludwig Salvator, der von der Natur und den Traditionen Mallorcas begeistert war.

Ein weiteres Juwel ist der **Camí des Correu,** der durch die Wälder zwischen Esporles und Banyalbufar führt. Der Weg geht auf das Jahr 1401 zurück und ermöglicht schattige Wanderungen. Am Ziel angekommen, kannst du dich in der Cala Banyalbufar abkühlen. Informiere dich über die Abfahrtszeiten von Bus 202, um zurück zu deinem Ausgangspunkt zu gelangen. Die Strecke ist Teil der Fernwanderroute GR221 und ist für die ganze Familie geeignet.

Sa Dragonera

UNBEWOHNTES INSELRESERVAT

Das Naturschutzgebiet, dessen Form an einen schlafenden Drachen erinnert, verleiht dieser wenig besuchten Insel vor der Küste Mallorcas einen Hauch von Jurassic Park.

In der Vergangenheit war **Sa Dragonera** ein Treffpunkt für Schmuggler und Piraten, heute ist die unbewohnte Felseninsel als Naturpark geschützt und für ihre vielfältige Flora und Fauna bekannt. Neben einer großen Falkenkolonie gibt es hier auch Mauereidechsen, die als Balearen-Eidechsen bekannt sind. Auf der Insel befinden sich zwei Wach- und zwei Leuchttürme. Es gibt markierte Wanderwege zu beiden Enden der 4 km langen Insel oder hoch zum Puig des Far Vell (325 m).

Um die Insel zu besuchen, buche eine Überfahrt mit einem Schiff ab Sant Elm (20-minütige Überfahrt) oder von Port d'Andratx. Die Schiffe verkehren normalerweise von Februar bis November. Im Gepäck sollten nicht fehlen: Picknick, Sonnencreme, Kopfbedeckung, Sonnenbrille und ausreichend Wasser. Nimm Rücksicht auf die Umwelt. Alternativ lässt sich das Naturschutzgebiet auch mit dem Kajak von Sant Elm aus ansteuern.

BESTE UNTERKÜNFTE

Finca Ses Fontanelles, Andratx
Rustikale Finca, die auch für Fernwanderer geeignet ist. Es gibt eine Küche für Selbstversorger. €

Finca Hotel Son Pont, Puigpunyent
Wunderschönes Gelände mit Bergblick, Pool und Frühstück im Freien; ausgezeichneter Ausgangspunkt für Wanderungen und Radtouren. €€

Punt Blanc, Sant Elm
Am Strand im verschlafenen Sant Elm mit Blick auf die Insel Sa Dragonera gelegen: freundliches und einladendes Gästehaus, perfekt für Selbstversorger. €

Zafiro Palace Andratx
Gehobene, stilvolle Fünf-Sterne-Option mit schickem Dekor und mehreren Swimmingpools. €€€

Castell Son Claret, Es Capdellà
High-End-Unterkunft in einem umgebauten Schloss. €€€

Hotel Petit Cala Fornells
Dieses Vier-Sterne-Hotel am Meer mit Restaurants, Pools, Spa und Gärten ist urig und charmant. €€

AUSSICHTSPUNKTE

Mirador de Ricardo Roca
An der Ma-10 zwischen Andratx und Estellencs; die Steintreppe hinaufklettern zu einem Tisch an der Spitze.

Puig de Galatzó, Galilea
Der über 1000 m hohe Puig de Galatzó bietet einen spannenden Aufstieg von Puigpunyent oder Estellencs.

Mirador de Cap Andritxol
Vom Camp de Mar aus dem Camí Salina folgen und den felsigen Pfad hinauf zum Wachturm klettern.

NÖRDLICHES MALLORCA

RÖMISCHE RUINEN & HERRLICHE STRÄNDE

Erkunde die römische Vergangenheit der Insel, wandere entlang mittelalterlicher Stadtmauern und durch weiße Gassen, surfe an den langen Stränden – oder genieß einfach nur die Sonne.

Die natürliche Schönheit dieser Region hat schon immer viele Gäste angezogen. Im Jahr 1929 wurde das berühmte Hotel Formentor am Cap de Formentor erbaut – da es keinen Straßenzugang gab, legten die ersten Gäste mit dem Boot an seinem steinernen Steg an. Dieses besondere Fleckchen Erde avancierte schnell zum Tummelplatz der Reichen und Berühmten. Zu den Gästen gehörten Grace Kelly, F. Scott Fitzgerald, Audrey Hepburn und Winston Churchill. Literarische Begegnungen lockten Kreative wie Camilo José Cela und Jorge Luis Borges an.

In Pol·lèntia, der ehemaligen römischen Hauptstadt der Balearen am Rande der Altstadt von Alcúdia, kannst du noch weiter in die Vergangenheit zurückgehen. Nimm in ihrem Amphitheater Platz oder wandere durch die Tempelruinen. Die mittelalterliche Stadtmauer von Alcúdia mit ihren Zinnen erwartet dich ebenfalls.

Besuche ein Inselfest oder genieß einfach nur die kilometerlangen Sandstrände, das türkisfarbene Wasser und das breite Angebot an Aktivitäten. Radle ums Cap de Formentor, folge den Wanderwegen am Cap des Pinar, beobachte Vögel im Parc Natural de S'Albufera, spüre versteckte Buchten auf oder begib dich auf die Suche nach einer spirituellen Erleuchtung in ein ehemaliges Kloster.

DIE HAUPTREGIONEN

POLLENÇA
Charmante historische Stadt.
S. 102

ALCÚDIA
Bezaubernde mittelalterliche Stadt mit Stadtmauer. S. 107

Playa del Muro (S. 111)

Pollença, S. 102

Charmante Altstadt mit vielen Kreativen. Wer die 365 Calvari-Stufen der Freitreppe emporsteigt, genießt eine herrliche Aussicht. Danach bieten die Cafés Erholung.

AUTO

Mit dem Mietwagen lässt sich dieser Teil der Insel am einfachsten auf eigene Faust erkunden. Im Hochsommer ist in manchen Gegenden der Verkehr ziemlich dicht. Wer in dieser Zeit anreist, sollte alternativ den Bus nutzen.

BUS

Die Region ist von Palma aus leicht mit dem Bus zu erreichen. Die Busse verkehren regelmäßig und verbinden die wichtigsten Städte entlang der Nordküste.

Erste Orientierung

Der Norden Mallorcas verfügt über herrliche Küstenabschnitte mit weißen Sandstränden und azurblauem Wasser, majestätischen Landzungen, Berggipfeln und schicken Yachthäfen. In diesem Naturparadies gibt es viele Möglichkeiten zum Wandern und Radfahren. Die reiche Geschichte und die vielfältigen kulturellen Angebote locken zahlreiche Gäste an.

Alcúdia, S. 107

In der hübschen mittelalterlichen Altstadt, die von imposanten Stadtmauern umgeben ist, wimmelt es nur so von Boutiquen und Cafés; an Markttagen erwacht die Stadt zum Leben.

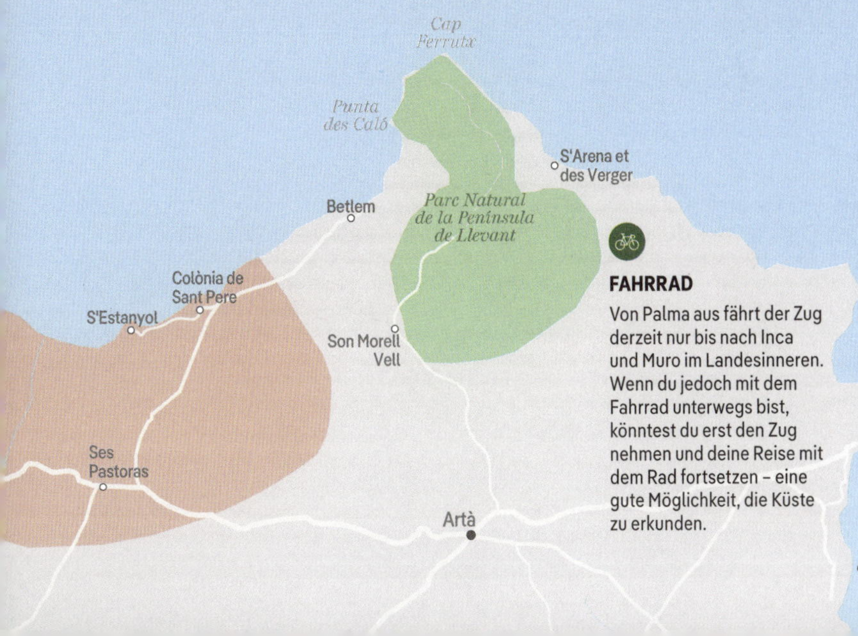

FAHRRAD

Von Palma aus fährt der Zug derzeit nur bis nach Inca und Muro im Landesinneren. Wenn du jedoch mit dem Fahrrad unterwegs bist, könntest du erst den Zug nehmen und deine Reise mit dem Rad fortsetzen – eine gute Möglichkeit, die Küste zu erkunden.

Perfekte Tage

In den Sommermonaten locken der Strand und die Feste. In der Nebensaison bietet die Region vielfältige Möglichkeiten zur Vogelbeobachtung, zum Wandern und Radfahren.

Santuari de la Mare de Déu del Puig (S. 105)

Unter Zeitdruck

● Wandle in Pollença oder Alcúdia und im nahe gelegenen Pol·lèntia auf den Spuren der Vergangenheit. Beide Städte im Landesinneren sind kompakt, leicht zu Fuß zu bewältigen und bieten eine Reihe von Sehenswürdigkeiten. In **Pollença** (S. 102) kannst du Kirchen besichtigen, die 365 Stufen zum Kalvarienberg erklimmen (meide die Mittagssonne und nimm Wasser mit) und die Ateliers der lokalen Künstler:innen besuchen. In **Alcúdia** (S. 107) solltest du auf der mittelalterlichen Stadtmauer spazieren und von dort einen atemberaubenden Ausblick genießen. Besichtige **Pol·lèntia** (S. 107), die Ruinen der einstigen römischen Hauptstadt der Balearen, und erhalte einen faszinierenden Einblick in die Zeit der alten Römer auf der Insel. Das kleine Museum in der Nähe der Stadtmauer zeigt interessante Ausgrabungsstücke.

NICHT VERPASSEN!

Im Sommer ist hier Strand-Saison. Heb dir das Wandern und Radfahren für die Übergangszeit auf. Im Winter wird es sehr ruhig, viele Geschäfte und Cafés schließen.

JANUAR

Die **Festes de Sant Antoni** werden in der Nacht zum 16. Januar mit Lagerfeuern und Tiersegnungen gefeiert.

MÄRZ/APRIL

Während der **Karwoche** nehmen Tausende an einem bewegenden *davallament* (Kreuzabnahme) in Pollença teil.

MAI

Auf der **Weinmesse in Pollença** gibt es eine große Auswahl an balearischen Weinen.

Drei Tage Zeit

● Quartiere dich entweder in **Pollença** oder **Alcúdia** oder in einem der Strandhotels ein (wo das Parken einfacher ist) und organisiere einen Bootsausflug, um die Insel vom Wasser aus zu betrachten, zu schnorcheln oder Höhlen zu erkunden. In der Nebensaison kannst du am **Cap des Pinar** (S. 110) oder am **Cap de Formentor** (S. 104) wandern und in einer der versteckten Buchten vor diesen Landzungen schwimmen gehen. Verbringe einen Tag am Strand – buche einen Surf- oder Windsurfkurs, miete ein SUP oder Kajak oder spiele eine Runde Beachvolleyball. Wer nicht so viel Energie hat, kann es sich in einer nahe gelegenen Bar oder einem *chiringuito* (Strandkneipe) unter ein Strohsonnenschirm bequem machen.

Mehr Zeit

● Erkunde die Gegend ganz entspannt und abseits der ausgetretenen Pfade. **Colònia de Sant Pere** (S. 112) bietet sich als ruhigere, kleine Basis in der Nähe von schönen Stränden mit Möglichkeiten zum Reiten, Surfen, Wind- und Kitesurfen an. Entdecke die spirituelle Seite der Insel und wandere zum **Santuari de la Mare de Déu del Puig** (S. 105), wo du in einer umgebauten Zelle des ehemaligen Nonnenklosters übernachtest. Radfahren ist in diesem Teil der Insel sehr beliebt; das örtliche Fremdenverkehrsamt kann dich bezüglich der besten Routen beraten. Wenn du eine andere Seite des Insellebens erleben möchtest, solltest du in einem *agroturismo* oder auf einem Gut im Landesinneren nächtigen.

JUNI

Das **Fest Sant Pere** ist ein stimmungsvolles Event mit Musik, einem Kunsthandwerkermarkt, Volkstänzen und einer Bootsprozession.

AUGUST

Straßenfeste, Musik und Scheinkämpfe füllen Pollença am legendären Tag der Schutzpatronin **La Patrona.**

AUGUST

Das **Festival für klassische Musik und Kunst** in Pollença bietet ein spannendes Programm mit zahlreichen Events.

NOVEMBER

Die **Fira de sa Carabassa** in Muro ist ein herbstliches Kürbisfest, eine Art Erntedankfest.

POLLENÇA

Dank ihrer herrlichen geschwungenen Bucht und der unwiderstehlichen Landzunge Cap de Formentor bilden Pollença und Umgebung eine der schönsten Ecken Mallorcas. Die Stadt selbst ist eine Ansammlung von Gebäuden aus dem 16. und 17. Jh., die um die ursprünglich mittelalterliche, heute größtenteils barocke Kirche auf dem Hauptplatz Plaça Major gebaut wurden.

In den Sommermonaten pulsiert das Leben in den Boutiquen, Galerien und Cafés von Pollença. Der Veranstaltungskalender ist gut gefüllt: mit dem Fackellauf am Karfreitag über die 365 Calvari-Stufen, mit den Festes de la Patrona (kostümierte Einheimische stellen die Schlacht zwischen Mauren und Christen nach) im August und mit dem Kunstfestival im Kloster Sant Domingo. Die Gegend zieht Kunstschaffende und Kreative an und hat im Laufe der Jahre Autor:innen wie Agatha Christie, Camilo José Cela und Miquel Costa i Llobera inspiriert.

TOP TIPP

Pollença ist mit Palma durch die Buslinie 340 verbunden, die täglich und direkt (45 Min.) bis nach Port de Pollença verkehrt. Um den Norden der Insel zu erkunden, sollte man ein Auto mieten. An den Hauptstränden lässt sich meist problemlos parken. An abgelegenen Stränden ist das schwieriger, starte deshalb früh.

Spaziergang in Pollença

DIE ALTE STADT ERKUNDEN

Beginne im **Kloster Sant Domingo,** in dem jedes Jahr im Sommer ein großes Kunstfestival mit Klassikkonzerten, Ausstellungen und Events stattfindet. Im Inneren des Klosters aus dem Jahr 1558 befindet sich das **Museu de Pollença,** das im Obergeschoss eine Sammlung moderner Kunst beherbergt und auch ein farbenfrohes buddhistisches Mandala aus Sand – ein Geschenk des Dalai Lama aus dem Jahr 1990. In den **Gärten von Joan March** steht ein mittelalterlicher Wachturm, von dem aus mithilfe von Feuersignalen vor Eindringlingen gewarnt wurde. Ein kurzer Spaziergang über die **Plaça Major** führt zur **Església de la Mare de Déu dels Àngels,** einer imposanten Barockkirche aus Sandstein, die im Inneren reich verziert ist. Sie wurde 1229 errichtet, aber im 18. Jh. weitgehend umgebaut. Als Nächstes stehen die 365 von Zypressen gesäumten Steinstufen der **Calvari-Treppe** an (am besten an einem kühlen Tag). Oben auf dem Hügel steht die schlichte **Església del Calvari.** Von hier ergibt sich ein schöner Blick über die Stadt bis hin zur Küste. Auf dem Weg hinauf passiert man das **Museu Martí Vicenç,** das Werke des gleichnamigen Künstlers zeigt. Weitere Kunstwerke, darunter Radierungen, Aquarelle und Ölgemälde, sind im **Casa-Museu Dionís Bennàssar** im ehemaligen Wohnhaus des lokalen Künstlers Dionís Bennàssar zu sehen. Wer an einer Tour zur lokalen Geschichte teilnehmen möchte, meldet sich im Tourismusbüro.

WASSERSPORT IN POLLENÇA

Scuba Mallorca
Für Tauchausflüge in der Bucht und bei Formentor. Etwa 20 verschiedene Tauchkurse im Angebot.

Tramuntana Diving & Adventure Company
Tauchen, Apnoetauchen, SUP und Abenteueraktivitäten wie Canyoning, Klippenspringen und Kajakfahren.

Mallorca Kiteboarding
Kiteboarding-Verleih und -Unterricht (auch Paddle Surf, Windsurf, Kajak und Wing Foil).

HIGHLIGHTS
1 Port de Pollença
2 Santuari de la Mare de Déu del Puig

SEHENSWERTES
3 Ca'n Cap de Bou
4 Cap de Formentor
5 Plaça Major

AKTIVITÄTEN, KURSE & TOUREN
6 365 Calvari Steps
7 Badia de Pollença
8 Kayak Mallorca
9 Mallorca Kite-Surfing
10 Sail & Surf Pollença
11 Scuba Mallorca

SCHLAFEN
12 Hotel Formentor

Port de Pollença

Cap de Formentor erkunden

WILDE SCHÖNHEIT AM RAND DER INSEL

Fahr zum nördlichsten Punkt Mallorcas und erkunde die 20 km lange Halbinsel Cap de Formentor auf einer kurvenreichen Straße durch Kiefernwälder und vorbei an Kalksteinklippen mit atemberaubenden Aussichten. Halte am **Mirador del Mal Pas** (auch bekannt als Mirador des Colomer und Mirador de Sa Creueta), dem **Wachturm Talaia d'Albercutx** und dem **Leuchtturm** an der Spitze des Kaps für magische Fotomotive. In den Sommermonaten ist die kurvenreiche und stellenweise schmale Straße manchmal ziemlich verstopft (in Spitzenzeiten gibt es sogar Zufahrtsbeschränkungen). Eine Alternative ist eine Bootsfahrt von Port de Pollença aus zur **Platja de Formentor,** einem schmalen goldsandigen Streifen, der von Pinienwäldern umgeben ist und in einer Bucht liegt. Das Wasser ist flach und deshalb ideal für Kinder. Man kann Paddelboards und Kajaks mieten, um die felsige Küste zu erkunden. Hier befindet sich das **Hotel Formentor,** eine Grande Dame unter den Hotels, die derzeit von der Hotelgruppe Four Seasons komplett umgebaut wird. Das ursprüngliche Hotel beherbergte Persönlichkeiten wie Winston Churchill, Charlie Chaplin, Ava Gardner, Audrey Hepburn, F. Scott Fitzgerald, Elizabeth Taylor und viele andere.

DIE BESTEN BUCHTEN AM CAP DE FORMENTOR

Cala Figuera
Auf der wilderen Nordseite der Halbinsel (Zugang per steilem Abstieg) bietet diese Bucht gute Schnorchelmöglichkeiten.

Cala Murta
Fjordähnlich mit türkisfarbenem, klaren Wasser. Folge den Wegweisern vom Parkplatz in Cala Figuera aus.

Cala Boquer
In der Nähe des Hafens von Pollença (folge dem Weg zwischen Kiefern und Macchia) findest du klares Wasser und eine friedliche Bucht, in der nur gelegentlich eine Wildziege grast.

Wellen & Wassersport

STRANDABENTEUER IN PORT DE POLLENÇA

Port de Pollença ist ein ruhiger Badeort an der Badia de Pollença vor der majestätischen Kulisse des Cap de Formentor. Die lange **Strandpromenade** wird von Cafés gesäumt und es gibt einen **Yachthafen.** Der lange Sandstrand ist bei Familien sehr beliebt. Die schönsten Strandabschnitte befinden sich im Norden der Stadt. Im Süden, in Richtung Alcúdia, sind **Ca'n Cap de Bou** und **Sa Marina** bei Kitesurfern und Windsurfern beliebt. Tauchfans werden die **Badia de Pollença** lieben, wo es neben Seesternen, Seeigeln, Kraken, Rochen und Barrakuda-Schwärmen auch Höhlen zu erkunden gibt. **Scuba Mallorca** bietet Schnuppertauchgänge und eine große Auswahl an mehrtägigen Kursen an. Wer Segeln oder Surfen lernen möchte, kann bei **Sail & Surf Pollença** Lehrgänge im Surfen, Windsurfen und Segeln belegen. Für diejenigen, die gern Kajak fahren, organisiert **Kayak Mallorca** an der Playa de la Gola Ausflüge und Kurse und vermietet Boote und Paddleboards. Kitesurfing erlernt man bei **Mallorca Kitesurfing.**

ÜBERNACHTEN

Can Aulí
Ein schönes restauriertes Herrenhaus mit einem friedlichen Garten und Pool. Geschmackvolle Gelassenheit. €€€

Hotel Juma
Ein charmantes, familiengeführtes Hotel in der Altstadt. Gemütlich, authentisch, mallorquinisch. €€

Illa d'Or Hotel
1920er-Jahre-Charme gepaart mit modernen Annehmlichkeiten in malerischer Umgebung mit eigenem Privatstrand. €€€

GIOVANNI G/SHUTTERSTOCK ©

Leuchtturm am Cap de Formentor

Zuflucht finden

EIN EHEMALIGES NONNENKLOSTER BESUCHEN

Das **Santuari de la Mare de Déu del Puig,** ein ehemaliges Nonnenkloster aus dem 14. Jh., liegt hoch über Pollença auf dem Puig de Maria (Marienberg; 333 m). Die Fahrt hinauf ist nur etwas für Mutige und Ruhige: Haarnadelkurven auf 1,5 km Länge. Alternativ kannst du auch durch Kiefern- und Eichenwälder sowie Olivenhaine hochlaufen. Die Wanderung von der Repsol-Tankstelle in Pollença dauert etwa eine Stunde. Festes Schuhwerk ist nötig, da der Weg felsig und rutschig sein kann. Am besten bei kühleren Temperaturen und natürlich mit Wasser im Gepäck.

Vom Sandsteinkloster bietet sich ein toller Blick auf die Tramuntana, die Buchten von Pollença und Alcúdia und bis hin zum Cap de Formentor. Genieß diese Aussicht, bevor du das Santuari selbst erkundest. Die Nonnen kamen erstmals 1371

DREHORTE AM CAP DE FORMENTOR

Cloud Atlas mit Tom Hanks, Susan Sarandon und Halle Berry wurde teilweise auf der Halbinsel Formentor (sowie in Sa Calobra und Port de Sóller) gedreht.

Ein ganzes halbes Jahr mit Emilia Clarke und Sam Claflin wurde am Strand von Formentor gefilmt (der im Film für Mauritius steht).

Die TV-Verfilmung von John le Carrés Roman *The Night Manager* mit Tom Hiddleston, Olivia Coleman und Hugh Laurie wurde an verschiedenen Orten auf der Insel gedreht, darunter am Cap de Formentor.

ESSEN

Restaurant Celler El Molí
Meeresfrüchte-Paella, gegrillte Garnelen und Zitronenkuchen. Ein echter Favorit. **€**

Il Giardino
Beliebtes Lokal auf dem Hauptplatz mit Terrasse und italienischer Küche. Kids lieben den Schoko-Laden nebenan. **€€**

Son Brull
Bietet feine mallorquinische Küche (Michelin-Stern) mit außergewöhnlichem Service. Ein wahrer Genuss. **€€€**

Die Stadtmauern von Alcúdia

WARUM ICH PUIG DE MARIA LIEBE

Laura McVeigh, Autorin

„Magische Ecken wie diese verzaubern mich mit ihrer natürlichen Schönheit und ihrer historischen Bedeutung. Du fühlst dich meilenweit entfernt vom touristischen Inselleben und hast die Chance, einen einfachen spirituellen Moment inmitten der Natur zu genießen. Sonnenauf- oder -untergänge sind hinreißende Motive. Dieser Ort hat etwas unglaublich Friedliches – perfekt für einen „Reset". Lass das Auto einfach am Fuße des Puig de Maria stehen!"

hierher und blieben trotz der Bitten des Bischofs von Palma. Erst im Jahr 1576 zogen sie nach Palma um. Es gibt eine gotische Kapelle, ein Refektorium, eine Küche und ein einfaches Café, in dem deftige lokale Gerichte wie Paella, *Pa amb oli* (Brot mit Öl), Tortilla oder *cargols* (Schnecken) mit Aioli serviert werden. Es riecht nach Weihrauch und Holzrauch.

Wenn du übernachten möchtest, erwartet dich eine umgebaute, spartanische Klosterzelle. Reist du mit einer Gruppe, solltest du im Voraus anrufen und der Küche Bescheid geben, damit sie genügend Frühstück und Abendessen bestellen kann. Steh früh auf und genieße den Sonnenaufgang, bevor du dich wieder in das geschäftige Inseltreiben stürzt.

HEILIGTÜMER

Santuari de Lluc
Zwischen Pollença und Sóller; berühmt für seinen Blauets-Chor.

Santuari de Nostra Senyora de Cura auf dem Puig de Randa
Ein für den Philosophen und Schriftsteller Ramon Lull inspirierender Ort.

Santuari de Puig de Sant Salvador
Ursprünglich aus dem 14. Jh.; mit unglaublichen Aussichten.

ALCÚDIA

Alcúdia – das ist sowohl die Pracht der historischen Altstadt als auch der Badespaß im nahe gelegenen Port d'Alcúdia. Die imposante Stadtmauer aus Sandstein, die König Jaume II. von Aragon 1298 errichten ließ, umgibt ein Labyrinth aus gepflasterten Gassen mit interessanten Läden, Galerien, Cafés und Restaurants. Die Stadt verfügt über einige hübsche Boutiquehotels und Herrenhäuser (mit beachtlichen Schnitzereien, etwa am Ca'n Canta oder Ca'n Fondo). Alcúdias Charme zieht viele Gäste an, vor allem an den Markttagen (dienstags und sonntags auf dem Passeig Mare de Déu de la Victòria) oder an den wichtigsten Festtagen. Am ersten Oktoberwochenende findet die Fira mit traditionellen Umzügen, Kostümen und Musik statt. Dank seiner herrlichen Strände und größeren Hotels ist Port d'Alcúdia bei Strandurlauber:innen beliebt, die entweder Wassersport treiben und/oder in der Sonne dösen. Die Nebensaison ist eine gute Zeit für Wanderungen und Erkundungstouren im Naturpark S'Albufera und in anderen ruhigeren Ecken der Küste.

TOP TIPP

Alcúdia ist von Palma aus leicht mit dem Bus zu erreichen. Wenn du mehr sehen willst, ist ein Mietwagen nützlich. Mit dem Bus lässt sich leicht zwischen den Hauptstränden und der Altstadt von Alcúdia und Pollença pendeln. Wandere oder radle um die Landzunge herum, um die wilde Schönheit hautnah zu erleben.

Römische Ruinen & Antike

DIE ANTIKE RÖMISCHE STADT POL·LÈNTIA ERKUNDEN

Die faszinierenden Ruinen der römischen Stadt Pol·lèntia, die sich über ein großes Gebiet erstrecken, liegen gleich außerhalb der Stadtmauern von Alcúdia. Hier kannst du die Ausgrabungsstätte der einstigen, 123 v. Chr. gegründeten Provinzhauptstadt der Balearen erkunden. Dies ist die größte archäologische Stätte Mallorcas. **Pol·lèntia** (was auf Lateinisch „mächtig" bedeutet) hatte aufgrund ihrer Lage an den Handels- und Seewegen im westlichen Mittelmeer eine strategische Bedeutung.

Ausgrabungen zeigen, dass Pol·lèntia eine gut ausgestattete Stadt mit fließendem Wasser und Abwassersystem war. Du kannst durch das antike Wohnviertel **La Portella** spazieren und die Ruinen der *domus* (Häuser) betrachten. Ein kleiner Bronzekopf eines jungen Mädchens wurde in der **Casa del Cap de Bronze** entdeckt. **El Fòrum,** das ehemalige Zentrum der Stadt, zeigt Überreste von drei Tempeln und *tabernae* (Läden). Am Rande der Stadt liegt das **Teatre Romà** mit steinernen Sitzreihen in der Nähe des Puerto Romano. Im August finden in diesem Amphitheater Open-Air-Events statt.

Ein kleines **Museum** in der Nähe beherbergt Funde aus den Grabungsstätten, darunter Münzen, Schmuck, Skulpturen und andere Artefakte. Ein Rundgang durch Pol·lèntia gibt einen faszinierenden Einblick in die römische Vergangenheit der Insel. Besucher:innen können frei zwischen den Ruinen umherwandern.

STADTMAUERN

Die imposanten Sandsteinmauern wurden während der spanischen Eroberung 1298 errichtet, als Jaume II. von Aragon die neue Stadt Alcúdia errichten ließ. Die Mauern umgeben das, was heute als Altstadt gilt. Sie bilden ein Polygon mit einem Umfang von 1,5 km und verfügen über 26 Türme und vier Eingänge: Porta de Xara im Norden, Porta de Mallorca im Süden, Porta de la Vila Roja im Nordwesten und La Portella neben der **Kirche von Sant Jaume.** Ursprünglich war die Stadt von einem Wassergraben umgeben. Steintreppen führen zum Wehrgang, von wo aus du dem **Camí de Ronda** folgen kannst.

HIGHLIGHTS
1 Mittelalterliche Stadtmauer
2 Pol·lèntia

SEHENSWERTES
3 Cala Gii
4 Cala Victòria
5 Ca'n Canta
6 Ca'n Fondo
7 Ermita de La Victòria
8 Hidropark Alcúdia
9 Platja des Coll Baix
10 Talaia d'Alcúdia

AKTIVITÄTEN, KURSE & TOUREN
11 Cap des Pinar
12 Port d'Alcúdia

Es gibt einen großen Parkplatz direkt neben dem Gelände. Die Eintrittskarten sind an der Kasse am Eingang erhältlich. Das Museum befindet sich direkt gegenüber in der alten Stadtmauer von Alcúdia.

ÜBERNACHTEN

Forum Boutique Hotel & Spa
Das Hotel liegt in der Altstadt und bietet einen aufmerksamen Vier-Sterne-Service und elegante Zimmer. **€€**

Hotel Can Mostatxins
Mittelalter trifft auf Moderne, geschmackvoll kombiniert. Restauriertes Haus in der Altstadt mit neun Zimmern. **€€€**

Can Simó Petit Hotel
Nur sieben Zimmer in einem renovierten Herrenhaus aus dem 19. Jh., mit einem ausgezeichneten Restaurant. **€€€**

ENGEL.AC/SHUTTERSTOCK ©

Platja des Coll Baix (S. 110)

Segeln & Surfen

TAGE AM MEER IN PORT D'ALCÚDIA

Während Alcúdia im Landesinneren liegt und historische Sehenswürdigkeiten, pittoreske Gassen und Plätze sowie allerhand Boutiquen aufweist, gilt **Port d'Alcúdia** als Paradies für Wassersportler. Der weiße Sandstrand – ausgezeichnet mit der Blauen Flagge – erstreckt sich kilometerweit ab dem Hafen. Er wird von Palmen, einer Promenade und *chiringuitos* gesäumt.

Segel-, Windsurf- oder Kitesurfkurse (auch für Kinder) hat das lokale Unternehmen **Wind & Friends** im Programm. Es verleiht auch Kajaks und Paddelboards. **Alcudiamar Sports & Nature** bietet außerdem PADI-Tauchkurse, Segeln, Windsurfen, Kajakverleih und -touren sowie Bootsausflüge zu den nahe gelegenen Meereshöhlen. **Món Aventura** organisiert Coasteering-Touren mit Klippenspringen, Abseilen, Klettern, Schwimmen und Tauchen.

Ganz in der Nähe befindet sich der **Hidropark Alcúdia,** ein Aquapark mit Rutschen, einem Planschbereich für die Kleinsten und einem Wellenbad – perfekter Kinderspaß.

STILLE BUCHTEN IN ALCÚDIA

Die **Playa de S'Illot** gegenüber der winzigen Insel S'Illot ist eine kleine Sandbucht mit seichtem Wasser. Bei Niedrigwasser kannst du zur Insel hinüberlaufen oder schwimmen. Der perfekte Ort zum Schwimmen und Schnorcheln.

Die **Illa d'Alcanada** ist eine weitere kleine Insel mit einem Strand und einem Leuchtturm direkt gegenüber der Platja d'Alcanada.

Es Faralló ist eine ruhige, felsige Bucht. Nimm dein Schnorchel-Equipment mit, um die Unterwasserwelt zu erkunden. Diese Bucht ist etwa 1 km von der Platja d'Alcanada entfernt. Oberhalb der Klippe befindet sich das **Museu Sa Bassa Blanca** mit einer wunderbaren Sammlung moderner Kunst und mit einem Skulpturenpark.

ABENTEUER BUCHEN

Món Aventura
Geführte Ausflüge und Abenteueraktivitäten mit diesem beliebten lokalen Unternehmen.

North Coast Adventure
Bootsausflüge und Kajakverleih.

Tramuntana Diving and Adventure
Abenteuer wie Canyoning, Trekking, Klippenspringen und Kajakfahrten.

WILM IHLENFELD/SHUTTERSTOCK ©

Cap des Pinar

LOCAL TIPP

Angélica und **Llucía Cantarellas,** Schwestern und gebürtige Insulanerinnen, leben in ihrem Elternhaus in Bonaire in der Nähe von Alcúdia, wenn sie nicht gerade studieren oder im Ausland arbeiten. Sie verraten ihre Lieblingsaktivitäten:

Sonnenuntergänge
„Als eine der schönsten spanischen Städte ist Alcúdia ein Ort, den wir gerne besuchen, vor allem, um die unglaublichen Sonnenuntergänge von der Ermita de La Victòria aus zu beobachten."

Schwimmen
„Wir lieben das kristallklare Wasser an den Stränden der Nordküste besonders. Da verbringen wir viele Stunden. Wir fahren dorthin, um das Stadtleben abzuschütteln, wenn wir lange von zu Hause weg waren."

Das Cap des Pinar

VERLASSE DIE AUSGETRETENEN PFADE

Das Cap des Pinar mit seinen Aleppo-Kiefern gehört zu den spektakulärsten Insellandschaften und ragt hinter Mal Pas und Bonaire majestätisch ins Meer hinein. Die Halbinsel ist ein Juwel für Wander-Fans, denn hier gibt es wunderschöne Wege. Die **Ermita de la Victòria** ist ein idealer Ausgangspunkt für einen Wanderurlaub. Die Landzunge darf zwar nicht betreten werden, weil sie militärisches Sperrgebiet ist, aber den Rest des Kaps kannst du erkunden.

Nimm hinter dem Yachthafen von **Bonaire** den Weg zur **Ermita.** Von dort führt dich eine 30-minütige Wanderung durch die Pinienwälder zum **Talaia d'Alcúdia,** einem Wachturm aus dem 16. Jh., von dem aus sich ein 360-Grad-Blick auf die Bucht von Pollença und Menorca in der Ferne bietet. Hier kannst du zur hübschen, kieseligen **Platja des Coll Baix** hinabsteigen, die am Fuße der mit Pinien bewachsenen Klippen liegt. Weitere Kleinode sind die **Cala Victòria** am Eingang zum Naturschutzgebiet und die **Cala Gii** in Bonaire, eine versteckte Bucht mit natürlichem Steinbogen, Leitern und einem kleinen Felsenpool. Um dich zu stärken, solltest du zum **Mirador de La Victòria** in der Nähe der Ermita laufen – hier gibt es rustikale Hausmannskost (Schnecken, gegrillten Fisch und Reisgerichte) und einen fantastischen Blick auf das Cap de Formentor.

EISCREME

Garrido
Mit über 40 Jahren Erfahrung in der Eisherstellung; am Paseo Marítimo und in der Carrer del Moll in Alcúdia.

Gelats Valls
Seit über 90 Jahren wird in Pollença Eis hergestellt – aus eigenen Orangen, Aprikosen, Feigen und Zitronen.

Giovanni L
Gelato nach italienischer Art in der Altstadt von Alcúdia.

Rund um Alcúdia

Wer von Alcúdia aus die Bucht gen Süden umrundet, gelangt zunächst in die wunderschönen Feuchtgebiete des Parc Natural de S'Albufera und dann in das friedliche Dorf Colònia de Sant Pere.

Jenseits der Resort-Hotels, die die Playa de Alcúdia säumen, liegt der Parc Natural de S'Albufera (S. 112), ein großes Feuchtgebiet, das einen ganz anderen Eindruck von der Insel vermittelt – abseits der Strandcafés und Sonnenliegen. Dies ist ein entspanntes Paradies für Vogel-Fans. Direkt neben dem schönen weißen Sandstrand der Playa del Muro kannst du durch das Feuchtgebiet wandern oder radeln oder von einer der Holzhütten aus Vögel beobachten.

Der Parc Natural de S'Albufera ist nur 15 Autominuten von Alcúdia entfernt. Die Fahrt von Alcúdia nach Colònia de Sant Pere dauert etwa 40 Minuten und führt dich direkt an der Badia d'Alcúdia entlang.

TOP TIPP

Das Besucherzentrum im Parc Natural de S'Albufera ist der Ausgangspunkt für mehrere Routen durch das Feuchtgebiet, von denen einige auch mit dem Fahrrad befahren werden können. Um die Küste intensiver zu erkunden, empfiehlt sich ein Mietwagen.

Reiher in Parc Natural de S'Albufera (S. 112)

VOGEL-BEOBACHTUNG

Das Feuchtgebiet **Parc Natural de S'Albufera** ist die Hochburg der Vogel-Fans auf der Insel.

Das Naturschutzgebiet **Sa Dragonera** beherbergt Seevögel, darunter Fischadler und Krähenscharben.

Die **Península de Formentor** ist die Heimat von Seevögeln wie den Eleonorenfalken.

Die **Salinen von Colònia de Sant Jordi** ziehen 150 Vogelarten an, darunter Flamingos und Schwarzflügelstelzen.

Der Stausee **Gorg Blau** in der Serra de Tramuntana bietet die Möglichkeit, den seltenen Mönchsgeier zwischen den Berggipfeln zu sehen.

Parc natural de S'Albufera

VOGELBEOBACHTUNG IM FEUCHTGEBIET

Der **Parc Natural de S'Albufera** erstreckt sich über 20 km² Feuchtgrünland und Sumpfgebiet zwischen Port d'Alcúdia und Ca'n Picafort. Er wurde 1988 zum Naturpark erklärt, doch der Stellenwert des Gebiets wurde schon in der Antike erkannt. Die Feuchtgebiete mit Schilf, Seggen, Teichkraut und Hornkraut ziehen über 300 Vogelarten an – über 10.000 Vögel überwintern jedes Jahr im Park, darunter Enten, Reiher und Stare. Das Areal bildet auch die Heimat von Aalen, Sumpffröschen und Vipernnattern. Das Wasser wird von Bächen und unterirdischen Quellen gespeist; der Canal Gran durchschneidet das Herz des Parks und leitet das Wasser zum Meer hinaus. Ulmen, Tamarisken und Weißpappeln sind die häufigsten Bäume hier.

Im Park sind 14 km **Wanderwege** ausgeschildert: Von einer kurzen halbstündigen Route bis zu einer 11,5 km langen Strecke gibt es jede Menge kombinierbare Optionen. Einige Routen können auch mit dem Rad befahren werden. Im Park gibt es sechs hölzerne *aguaits* (Vogelbeobachtungshütten).

Der Zugang ist nur mit einer Besuchserlaubnis vom Parkzentrum möglich. Der Park ist täglich von 9 bis 17 Uhr geöffnet, in den Sommermonaten bis 18 Uhr. Vogelbeobachter:innen können den Park schon etwas früher, kurz nach Sonnenaufgang, betreten. Im Besucherzentrum gibt es Infos über die Vogelwelt und die Wanderwege. Besuche den Park im Frühling (vor allem im April und Mai), um die Wildblumen blühen zu sehen.

Die ruhige Küste bei Colònia de Sant Pere

BESCHAULICHES LEBEN IN DEN KÜSTENDÖRFERN

Colònia de Sant Pere, benannt nach dem Schutzpatron der Fischer, ist ein beschauliches ehemaliges Fischerdorf, das aus einem zentralen Platz, einer Kirche und einer kleinen Anzahl von Häusern, Cafés, Bars und Geschäften besteht. Es ist ein ruhiger, unauffälliger Ort ohne Touristenmassen. Es gibt einen kleinen Yachthafen und den Dorfstrand **Platja de la Colònia de Sant Pere.**

Hinter dem Strandabschnitt verläuft eine Promenade mit Schatten spendenden Tamarinden. 2,5 km gen Westen liegt die **Platja de Sa Canova,** ein langer Sandstrand, der nach **Son Serra de Marina** führt. Das Dorf **S'Estanyol** reicht fast bis zum **Strand von Sa Conova.** An windigen Tagen ist dies der ideale Spot zum Surfen, Windsurfen oder Kitesurfen, an ruhigeren Tagen ist der dank des flachen, klaren Wassers eine

WILDTIERBEOBACHTUNG

Raubvögel
Eleonorenfalken, Wanderfalken, Rotkätzchen, Mönchsgeier, Adler und Eulen.

Reptilien und Amphibien
Frösche, Eidechsen, Schlangen, Salamander und Schildkröten sowie die gefährdete *ferreret* (Geburtshelferkröte).

Singvögel
Lerchen, Wiedehopfe, Grasmücken, Finken, Rebhühner, Mauersegler, Bergpieper und die Nachtigall.

MARIA SEDOVA/SHUTTERSTOCK ©

Platja de Sa Canova

gute Wahl für Familien. Cafés und Restaurants finden sich am **Sonora Beach:** etwa das **Gospodaix,** die **SEN Chill Beach Bar,** das **Es Vivers** oder das **Restaurante Playa.**

ÜBERNACHTUNG NAHE COLÒNIA DE SANT PERE

Petit Hotel Rocamar
Stilvoller, schön gestalteter Ort nur für Erwachsene in Strandnähe. **€€**

Apartamentos Ses Roquetes
Das Hotel liegt in Ca'n Picafort; direkt am Strand, frisches Design. **€€**

Agroturismo Can Pere Rei
Kinderfreundlich (sie werden die Schafe und Hühner lieben), ausgezeichnetes Frühstück, ruhige Lage. **€**

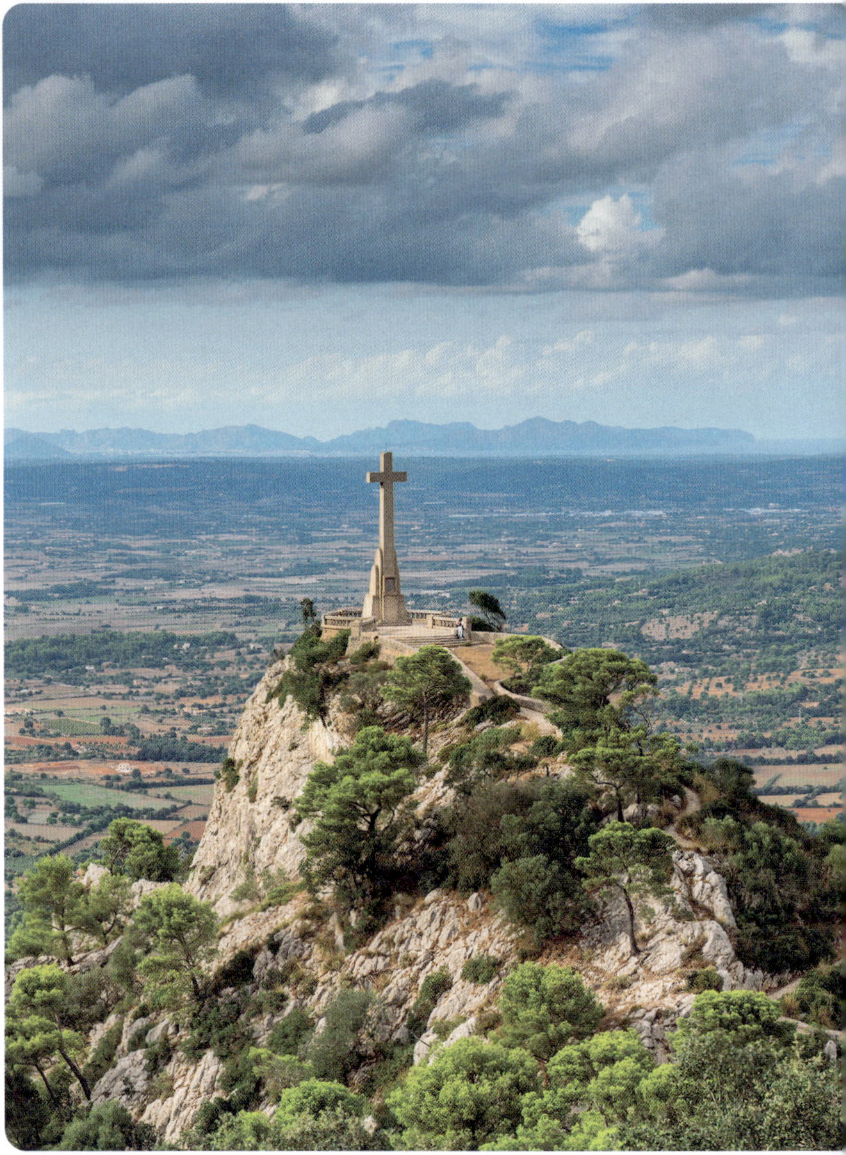

CANGAVI/SHUTTERSTOCK ©

Das Steinkreuz am Santuari de Sant Salvador, Felanitx

DIE HAUPTREGIONEN

SANTA MARÍA DEL CAMÍ
Charmante Stadt.
S. 120

BINISSALEM
Das Herz des Weinlandes.
S. 120

ALARÓ
Eine Festung in der Berglandschaft.
S. 121

ORIENT
Abgelegenes Dorf in der Tramuntana.
S. 121

DAS INLAND

WEINBERGE UND SPIRITUELLE HEILIGTÜMER

Zufluchtsorte, Panoramablicke, Berghütten, *celler*-Restaurants und Weingüter – die Städte und Dörfer im Landesinneren Mallorcas sind perfekte Rückzugsorte.

Wer das authentische mallorquinische Leben kennenlernen möchte, sollte verschlafene Sandsteindörfer erkunden: Santa María del Camí hat eine entspannte Café-Kultur, Alaró und Orient sind hervorragende Ausgangspunkte für Wanderungen, Binissalem ist das Weinzentrum …

Besuche die Weinberge, übernachte abseits der Hauptstraßen in einem *agroturismo* oder in einer fabelhaften Finca. Für einen spirituellen Aufenthalt kannst du die Bergheiligtümer im Landesinneren aufsuchen, wie das Santuari de Sant Salvador in der Nähe von Felanitx oder das Santuari de Nostra Senyora de Cura in Randa.

In dieser Region sind die Traditionen am stärksten ausgeprägt. Ein wahres Vergnügen sind die fröhlichen Inselfeste. Wie wäre es mit der Festa des Vermar, dem berühmten Weinfest nach der Traubenlese in Binissalem? Oder du durchstöberst einfach an einem Markttag die Stände nach Kunsthandwerk und anderen lokalen Produkten. Der Wochenmarkt von Sineu (mittwochs) ist der älteste der Insel. Er gilt auch als einer der größten und interessantesten. Im Frühling kannst du die blühenden Wildblumen bestaunen und im Herbst auf Erntefesten mitfeiern. Lass es langsam angehen. Hier herrscht definitiv keine Eile.

MONTUÏRI
Hübsche Stadt auf einem Hügel.
S. 123

SINEU
Die große Stadt des Landesinneren.
S. 126

PETRA
Das beschauliche Dorf.
S. 126

Orient, S. 122

Dieses Dorf in den Bergen ist ein beliebter Ort für Wochenendausflüge und Wanderungen in der Tramuntana.

Alaró, S. 121

Eine hübsche Stadt in den Bergen mit einer spektakulären Aussicht vom Castell d'Alaró. Hier herrscht ein ausgeprägtes internationales Flair.

Santa María del Camí, S. 120

Eine gemütliche, an Cafés reiche Stadt. Sie ist bei Radfahrer:innen beliebt. Es gibt auch ausgefallene Boutiquen, Concept Stores und ein Weingut neben dem Bahnhof.

Binissalem, S. 120

Elegante Stadt mit langer Weinbautradition. Das Erntefest Festa des Vermar und vor allem die Traubenschlacht ziehen viele Menschen an.

AUTO

Ein Mietwagen bietet volle Flexibilität bei der Erkundung des Inlandes. So kannst du spontan unterwegs anhalten. Für eine Weinbergstour solltest du dich jedoch einem organisierten Ausflug anschließen.

BUS

Es gibt gute Verbindungen zwischen Palma und den Hauptorten Manacor und Inca. Andere Städte und Dörfer werden weniger häufig angefahren.

ZUG

Es bestehen zwei regelmäßige Zugverbindungen von Palma aus: eine nach Sa Pobla/Inca, die andere nach Manacor. Santa María del Camí, Binissalem, Consell-Alaró, Muro, Sineu und Petra sind einige der Haltestellen auf der Strecke. Die Züge sind günstig, sauber und meist zuverlässig.

Erste Orientierung

Das Landesinnere erstreckt sich über ein weites Gebiet. Es birgt faszinierende Traditionen und Landschaften. Viele Städte sind mit dem Zug von Palma aus erreichbar, aber zur Erkundung von Dörfern oder Heiligtümern bietet ein Mietwagen größere Flexibilität.

Petra, S. 126

Ein Sandsteindorf, in dem die Zeit stehen geblieben scheint. Geburtsort von Fra Juníper Serra, einem der Gründer Kaliforniens.

Sineu, S. 126

Ein hübsches Städtchen im Herzen der mallorquinischen Landschaft mit einem Wochenmarkt.

Perfekte Tage

Erlebe die traditionellen *celler*-Restaurants, wandere durch verschlafene Bergdörfer, nimm an einer Weinprobe teil und übernachte in einer Finca – das ist das authentische Mallorca.

JEANNE EMMEL/SHUTTERSTOCK ©

Paella mit Meeresfrüchten

Kurztrip

● Unternimm eine Tour zu den Weinkellereien in und um **Binissalem** (S. 120), wo schon zur Zeit der Römer Reben angepflanzt wurden. Schlendere durch die von Orangenbäumen gesäumten Alleen, vorbei an eleganten Herrenhäusern aus dem 18. und 19. Jh., und stoße dabei auf lokale Weingüter wie José Luis Ferrer, eines der bekanntesten auf Mallorca, oder Celler Tianna Negre. Literatur-Fans sollten das **Casa-Museu Llorenç Villalonga** (S. 120) ansteuern, das eine hervorragende Ausstellung über das Leben des berühmten Schriftstellers zeigt. Wenn du kannst, besuche Binissalem, wenn die Festa des Vermar steigt – eine Woche mit Weinverkostungen, Musik, Feuerwerk, einer Traubenschlacht und einem Feuerlauf *(correfoc)*, bei dem Einheimische als Teufel verkleidet durch die Straßen rennen.

NICHT VERPASSEN!

Im Landesinneren gibt es viele saisonale Feste. Egal zu welcher Jahreszeit du kommst, in der Regel findet irgendwo ein lokales Fest statt.

JANUAR

Die **Festa de Sant Antoni** wird in Manacor besonders ausgelassen gefeiert. Die Einheimischen sind als *dimonis* (Teufel) rot gekleidet.

MÄRZ/APRIL

Kostüme, Festwagen, Paraden und jede Menge Feierlichkeiten (inselweit) bei **Sa Rua** oder Carnaval.

AUGUST

Sommerfest in Randa, in der Nähe von Algaida, mit Events, lokaler Küche, Konzerten und einem Kunsthandwerkermarkt.

IAMJORGE/SHUTTERSTOCK ©, RAQUEL PEDROSA/SHUTTERSTOCK ©, PETER TURANSKY/SHUTTERSTOCK ©

Drei Tage Zeit

- Begib dich auf die Suche nach Inseltraditionen in **Petra** (S. 125). Hier kannst du etwa in einem traditionellen *celler* (Kellerrestaurant) speisen. Statte auch dem Wochenmarkt in **Sineu** (S. 125) einen Besuch ab. Da gewinnst du einen Eindruck vom mallorquinischen Landleben. Erlebe die wunderschöne Landschaft der Region und genieße beeindruckende Panoramablicke bei einer Wanderung zu einem Heiligtum, entweder zum **Santuari de Nostra Senyora de Cura** (S. 125) in der Nähe von Randa oder zum **Santuari de Sant Salvador** bei Felanitx weiter südlich. Übernachte in einer der bemerkenswerten Fincas im Landesinneren. Ein entspanntes ländliches Ambiente erwartet dich.

Länger Zeit

- Plane mehrere Tage zum Wandern oder Radfahren ein. Such dir ein Quartier in der Nähe von **Alaró** (S. 121; das Hotel Rural S'Olivaret oder L'Hermitage sind schöne Unterkünfte auf dem Land) und wandere hinauf zum maurischen **Castell d'Alaró** (S. 121). Diese beliebte Wanderung solltest du am besten unter der Woche in Angriff nehmen. Auf dem Weg nach oben liegt das rustikale Restaurant Es Verger (auch bekannt als „das Lamm-Restaurant"). Vom Gipfel aus hast du einen herrlichen Blick auf die Ebene und die umliegenden Berge. Radle auf den beliebten Routen, wie z. B. auf dem Coll d'Honor. Oder unternimm einen Tagesausritt von Lloseta zur Burg.

SEPTEMBER

Die **Festa des Vermar** in Binissalem ist ein einwöchiges Weinfest mit Musik, Events und einer ausgelassenen Traubenschlacht.

OKTOBER

Das theaterbegeisterte Manacor veranstaltet ein besonderes **Kulturfestival** mit zahlreichen Aufführungen.

NOVEMBER

Das größte Markt- und Volksfest auf der Insel ist **Dijous Bo** in Inca.

DEZEMBER

Der **Weihnachtsmarkt von Alaró** bietet Stände, Kunsthandwerk, saisonale Gerichte und glitzernde Lichter in der (Vor-)Weihnachtszeit.

DIE WEINREGION

Lass die Küste hinter dir und mach dich auf den Weg nach El Pla, dem Inland. Hier gibt es verschlafene Sandsteindörfer und Marktflecken, Weinberge, Mandel-, Johannisbrot- und Olivenbäume. Das Leben geht hier etwas geruhsamer vonstatten. Teste dein Mallorquí – auch wenn es nur ein paar Brocken sind, es wird gut ankommen. Besuche Santa María del Camí mit dem direkt am Bahnhof gelegenen Weingut BMB. Außerdem das elegante Binissalem mit seinen Herrenhäusern aus dem 18. und 19. Jh., seinem literarischen Erbe und seiner Weinkultur. Die malerischen Orte Alaró und Orient locken Wandernde auf dem Weg zum Castell d'Alaró und ins Tramuntana-Gebirge. Um die mallorquinischen Traditionen zu ergründen, solltest du eines der vielen Inselfeste besuchen.

TOP TIPP

Nimm den Zug von Palma nach Santa María, Alaró oder Binissalem und im Anschluss den Bus. Oder schließe dich einer organisierten Weinbergstour an, bei der der Transport inklusive ist. Alternativ kannst du ein Auto mieten, um das Landesinnere in deinem eigenen Tempo zu erkunden. Parke immer am Ortsrand.

DIE BESTEN WANDERROUTEN AB ALARÓ

Castell d'Alaró
Eine zweistündige Wanderung; unterwegs im Restaurant Es Verger einkehren.

Talaia de Cals Reís
Ein 9,8 km langer Rundweg, der 3½ Std. dauert und lohnende Aussichten auf das Vall d'Orient, die Tramuntana und die Serra de Alfàbia bietet. Teilweise felsig und anspruchsvoll, deshalb Wanderschuhe nötig.

Orient und Tal von Coanegra
Eine 14 km lange, moderate Wanderung (4,5 Std.).

Dörfer & Weinberge

TOUR DURCH SANTA MARÍA UND BINISSALEM

Santa María del Camí (oder einfach „Santa María") ist eine kleine Stadt mit rund 7500 Einwohner:innen und einer recht großen internationalen Community. Die Hauptstraße und die Plätze sind gesäumt von belebten Cafés. Es gibt auch einige interessante Designläden, Boutiquen und Concept Stores sowie eine nette Restaurantszene. Lauf los und erkunde kleine Weingüter. Besuche etwa **Bodegas Macià Batle** für eine Weintour und/oder -verkostung. Der Ort besitzt ein paar bemerkenswerte Sehenswürdigkeiten – das Kloster **Nostra Senyora de la Soledat,** ein prächtiges Kloster aus dem 17. Jh., und die nahe gelegene **Església de Nostra Senyora del Camí** mit ihrem markanten blauen Turm. In Santa María lebt man ein ruhiges Inselleben. Auch für Radfahrende ist die Stadt ein beliebtes Ziel.

Das nahe gelegene **Binissalem** (ebenfalls eine Station auf der Zugstrecke Palma–Inca) ist ein attraktives Städtchen mit rund 8300 Einwohner:innen. Die Spuren seiner wohlhabenden Vergangenheit lassen sich an den Herrenhäusern, den von Orangenbäumen gesäumten Alleen und den eleganten Plätzen ablesen. Der Besuch einer Bodega kann mit einem Besuch im **Casa-Museu Llorenç Villalonga** im Zentrum von Binissalem verbunden werden. Dieses schöne Herrenhaus zeigt eine Ausstellung über das Leben des heimischen Schriftstellers und Psychiaters. Das Haus bietet das ganze Jahr über ein interessantes Programm mit Literaturevents.

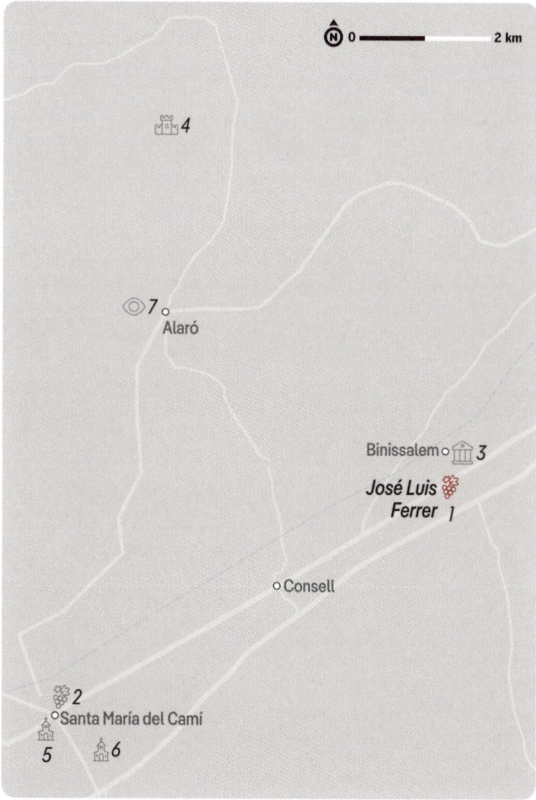

HIGHLIGHTS
1 José Luis Ferrer

SEHENSWERTES
2 Bodegas Macià Batle
3 Casa-Museu Llorenç Villalonga
4 Castell d'Alaró
5 Convent de Nostra Senyora de la Soledat
6 Església de Nostra Senyora del Camí
7 Plaça de la Vila

Festungen & Bergdörfer

ALARÓ UND ORIENT

Alaró liegt in den Ausläufern des Tramuntana-Gebirges und ist ein hübsches und entspanntes Bergstädtchen mit einer Burgruine, dem **Castell d'Alaró.** Die Wanderung von der Stadt zur Felsenburg dauert zwei Stunden. Der Aufstieg lohnt sich wegen der herrlichen Aussicht auf die Bucht von Alcúdia und auf Palma. Der Hauptplatz **Plaça de la Vila** mit dem Rathaus (Casa de la Vila), der Kirche und den Cafés ist ein angenehmer Ort, um zu entspannen und das Inselleben zu genießen; auch in der Carrer d'Alexandre Rosselló und der Carrer Petit gibt es einige Cafés. Am Samstagmorgen ist Markttag

ESSEN

Bistro 19 in Living Dreams
Designladen in Santa María mit stilvollem Gartenrestaurant – überprüfe die Öffnungszeiten und reserviere. **€€**

Molí des Torrent
In einer alten Windmühle am Rande von Santa María. Hervorragende, hauptsächlich mediterrane Küche. **€€**

Celler Sa Vinya
Herzhafte, rustikale mallorquinische Küche in Binissalem. Sehr beliebt bei Einheimischen. **€**

DIE BESTEN WEINGÜTER

José Luis Ferrer
Eine preisgekrönte Bodega in Binissalem, die für Qualitätsweine und Mallorcas größten Weinkeller bekannt ist.

Bodegas Biniagual
Ein malerischer maurischer Weiler in der Nähe von Binissalem. Heimat preisgekrönter Öko-Weine.

Celler Tianna Negre
Ein umweltbewusstes Weingut am Rande von Binissalem.

Can Ramis
Das 1870 gegründete Familienweingut in Sencelles setzt die Weinbautraditionen der Ahnen fort.

Y Ramanyà
Ein kleineres Weingut in Santa María mit einem Museum, das der Geschichte des mallorquinischen Weinbaus gewidmet ist.

ANJAHENNERN/SHUTTERSTOCK ©

Blick auf den Puig de s'Alcadena vom Castell d'Alaró (S. 120)

auf dem Hauptplatz. Du kannst Alaró mit dem Zug erreichen: Steige an der Station Consell-Alaró aus und nimm dann den Bus 320 in die Stadt (15 Min.).

Orient – ein kleines Dorf tief im Tramuntana-Gebirge, das zur Gemeinde Bunyola im Westen gehört und am einfachsten über Alaró zu erreichen ist – ist ein guter Ausgangspunkt für Wanderungen in den Bergen. Von hier aus kannst du beispielsweise den **Puig de l'Ofre** und **Alfàbia** (S. 82) ansteuern. Die Fahrt von Bunyola ist voller Haarnadelkurven und nur etwas für sichere Fahrer:innen. Radfahrende lieben die Bergstraßen und Rundtouren, etwa den Coll d'Honor, den Antiguo Camino Romano (Alter Römerweg) und die Finca-Solleric-Rundtour (anspruchsvoll).

ÜBERNACHTEN

Finca Hotel Son Palou
Gehobene Finca in Orient mit Pool, Bergblick, aufmerksamen Angestellten und einer ruhigen Umgebung. **€€**

Agroturismo Es Quatre Cantons
Charmante Villa mit Pool in den Weinbergen von Binissalem. Hilfsbereites Personal. **€€**

Hotel Rural S'Olivaret
Berghotel mit Pool und Spa an der Straße Alaró–Orient. **€€**

STÄDTE IM INLAND

Die Feierlichkeiten und Traditionen des Landesinneren präsentieren Mallorca ganz authentisch. Hier lässt sich die Landschaft in einem langsameren Tempo erkunden. Genieße die Fahrt über die Landstraßen, wenn im Frühling die Wildblumen blühen. Wie wäre es mit einer Übernachtung in einer Finca oder einem *possessió* (Landhotel), das seit Jahrhunderten in Betrieb ist? Oder ziehst du ein *agroturismo* vor? Teste dein Mallorquí während einer lokalen Festivität, etwa beim Sant-Antoni-Fest in Manacor, das für seine Feuerläufe bekannt ist. Genieß auch die Konzerte im Rahmen der Sommerfestivals im Juli und August oder sieh dir die Fiesta La Beata in Santa Margalida im September an, wenn die traditionell kostümierten Einheimischen auf prächtigen Festwagen in Begleitung von Marschkapellen durch die Stadt ziehen.

TOP TIPP

Um die Insel in Ruhe zu erkunden, mietest du dir am besten ein Auto, obwohl einige Orte im Landesinneren auch mit dem Zug zu erreichen sind. Such dir einen einheimischen Guide. Oder nimm an einem Kulturausflug teil – Mallorca Literaria organisiert im Sommer geführte Wanderungen.

El Pla abseits der üblichen Pfade

DÖRFER UND FABELHAFTE FESTIVALS

Besuche einige der weniger bekannten Orte der Insel, etwa das charmante **Caimari,** das mit Kopfsteinpflasterstraßen und Olivenhainen aufwartet. Oder **Campanet** mit seinen fantastischen Rad- und Wanderwegen, dem Naturphänomen **Ses Fonts Ufanes** oder dem Höhlensystem **Coves de Campanet** voller Stalagmiten und Stalaktiten. Es ist vor über zehn Millionen Jahren entstanden. Das Restaurant **Ses Coves** an den Höhlen erlaubt einen wunderbaren Blick auf den Puig de Sant Miquel. Das malerische Bergdorf **Montuïri** bietet einen Mix aus Plätzen, Herren- und Steinhäusern sowie gepflasterten Gassen. Hier befindet sich auch das **Museu Arqueològic de Son Fornés,** in dem Funde aus der Römer- und Eisenzeit ausgestellt sind.

Unvergesslich ist die **Festa des Vermar** in Binissalem im September mit Traubenschlacht, Musik und großen Feierlichkeiten (Anfang September lockt auch die Nit de l'art, die Kunstnacht). Am 1. Mai wird der Ort **Costitx** im Rahmen von Costitx en Flor mit riesigen Blumenarrangements geschmückt. Besonders stimmungsvoll ist die Fiesta La Beata in **Santa Margalida.** Traditionell kostümierte Einwohner:innen marschieren mit kunstvollen Festwagen und Kapellen durch die Straßen. Teuflische Figuren namens *dimonis* flitzen umher. Feste finden das ganze Jahr über statt: Sie ehren Schutzheilige, sind religiöse Events, saisonale Märkte oder Kunstveranstaltungen mit Musik und Theater.

DIE BESTEN ORTE

Caimari
Eingebettet in die Ausläufer der Tramuntana, ist dieses charmante Sandsteindorf in der Nähe von Inca für sein Olivenöl bekannt.

Campanet
Lebhaftes Dorf in der Nähe der Coves de Campanet, die weniger touristisch sind als andere Höhlen. Auch die malerischen Ses Fonts Ufanes, wo nach Regenfällen Wasser entspringt, lohnen sich.

Montuïri
Die Stadt hat viel Charme und bietet lebhafte Feste. Besuche ein traditionelles Haus und sieh dir die Windmühlen und die archäologischen Stätten an.

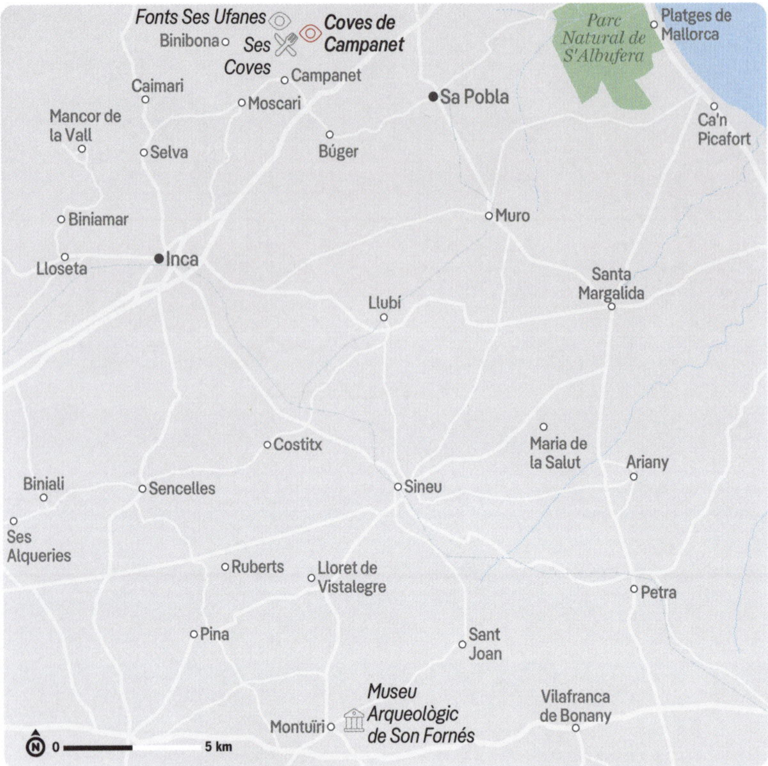

Coves de Campanet (S. 123)

Montuïri (S. 123)

ÜBERNACHTEN

Es Figueral Nou Hotel
Wunderschöne Luxusherberge im Landhaus in Montuïri. **€€**

Finca Serena
Schicke Finca in Montuïri mit Pools, Fitnessstudio und Spa sowie dem Restaurant Jacaranda. **€€€**

Monnaber Nou Eco Hotel & Spa
Altmodischer Charme auf 225 ha in Campanet, mit Spa, Pools und Restaurant. **€€€**

PUIG DE RANDA, SINEU & PETRA

Mallorca besitzt auch eine weniger bekannte, spirituelle Seite. Entlang der Wanderwege liegen friedliche Berghütten und ruhige Einsiedeleien, Klöster und Heiligtümer. Im Landesinneren lässt sich auf den Spuren des Theologen, Philosophen und Schriftstellers Ramon Llull aus dem 13. Jh. wandeln. Er suchte in der ruhigen Umgebung des Puig de Randa nach Einsamkeit und Meditation. Heute ist das Kloster Santuari de Nostra Senyora de Cura für Besucher:innen geöffnet. Der anstrengende Fußmarsch hinauf zum Heiligtum beschleunigt den Puls, aber der weite Blick vom Gipfel ist die Mühe auf alle Fälle wert.

TOP TIPP

Mit dem Zug sind einige der Städte im Landesinneren bequem zugänglich. Wer aber wirklich aufs Land will, sollte ein Auto mieten, um flexibel zu sein. Viele der Inselheiligtümer sind zwar mit dem Auto gut erreichbar, aber eine Wanderung im „Pilgerstil" kann sich weitaus mehr lohnen.

Spirituelle Aufenthalte

MYSTISCHE HEILIGTÜMER UND EINSIEDELEIEN

Im Landesinneren von Mallorca gibt es mehrere faszinierende Heiligtümer zu besichtigen. Eines der bekanntesten ist das **Santuari de Nostra Senyora de Cura** auf dem **Puig de Randa** in der Nähe von **Algaida.** Hierher kam der Philosoph Ramon Llull (eine Schlüsselfigur der katalanischen Kultur) auf der Suche nach Erleuchtung und Ruhe im 13. Jh. Von Randa aus führt der Weg zum Heiligtum zunächst am **Santuari de Nostra Senyora de Gracià** am Fuße des imposanten Penya Falconera vorbei, in dem Falken nisten. Dieser Wallfahrtsort wurde seit dem 15. Jh. mehrmals umgebaut, auch unter Beteiligung des berühmten Architekten und Bildhauers Antoni Gaudí.

Weiter geht es zur **Ermita Sant Honorat,** die dem Schutzpatron von Algaida gewidmet ist und einen spektakulären Blick auf El Pla und die Küste sowie die Illa de Cabrera in der Ferne bietet. Die Kapelle des im 14. Jh. gegründeten Klosters kann besichtigt werden. Wenn du die kurvenreiche Straße zum Puig de Randa weiter hinauffährst, kommst du oben am **Santuari de Nostra Senyora de Cura** an. Am Tor kannst du parken, dort gibt es auch ein Café. Der Komplex aus dem 17. Jh. besteht aus Kirche, Kloster und kleinem Museum. In der Aula de Gramática wurden früher Llulls Lehren verbreitet. Ein hübscher Garten bietet Schutz vor den Winden. Und von den Terrassen aus bietet sich ein Panoramablick über ganz Mallorca. An einem klaren Tag kannst du bis nach Ibiza sehen.

WARUM ICH DAS SPIRITUELLE MALLORCA LIEBE

Laura McVeigh,
Autorin

„Dieser Teil der Insel ist etwas ganz Besonderes, nicht zuletzt wegen der Anmut und Geschichte (durch die enge Verbindung zu Ramon Llull, dem Philosophen, Denker und „Vater" der katalanischen Sprache), der atemberaubenden Aussichten und der natürlichen Schönheit (die sich hervorragend zum Wandern und Radfahren eignet). Hier kann man eine tiefere Verbindung zur Vergangenheit spüren. Wer seine spirituelle Seite entdecken oder einfach nur inmitten der Natur abschalten will, dem empfehle ich einen Aufenthalt im Santuari de Cura."

HIGHLIGHTS
1 Santuari de Nostra Senyora de Cura

SEHENSWERTES
2 Bodegas Miquel Oliver
3 Ermita Sant Honorat
4 Museu Fra Juníper Serra
5 Plaça des Fossar
6 Santuari de Gràcia

ESSEN
7 Es Celler

Märkte & Missionare

DIE STÄDTE SINEU UND PETRA

Wenn du dem Alltag wirklich entfliehen willst, solltest du ein wenig Zeit in den Städten Sineu und Petra verbringen.

Petra ist ein kleines, sandsteinfarbenes Labyrinth, bestehend aus Einbahnstraßen und Plätzen, die von Cafés gesäumt sind. Abgesehen von den gelegentlich vorbeiziehenden Radfahrenden ist es hier sehr ruhig. Petra ist stolz auf seine Verbindung zum Missionar Fra Juníper Serra, der in der Stadt geboren wurde, 1749 nach Amerika segelte und dort die kalifornischen Missionen in San Francisco und Los Angeles mitbegründete. Das **Museu Fra Juníper Serra** neben seinem Elternhaus dokumentiert sein Leben und seine Arbeit anhand von Papieren, Gemälden und Fotos. Lege eine Mittagspause im **Es Celler** ein, das inmitten von alten Weinfässern traditionelle, rustikale Gerichte serviert. Oder besuche die alteingesessenen **Bodegas Miquel Oliver,** wo du an einer Weintour teilnehmen kannst. Es gibt einen 10 km langen Wanderweg von der Stadt nach **Ariany** mit schönen Aussichten entlang des Weges.

Sineu ist eine recht große Stadt aus der Römerzeit. Sie ist bekannt für zwei traditionelle Märkte, die auf das 14. Jh. zurückgehen, als die mallorquinischen Könige hier einen zwei-

UNGEWÖHNLICHE ORTE

Hostatgeria Santuari de Cura
Übernachte in dem Heiligtum auf dem Puig de Randa. Exzellentes Essen, tolle Aussicht und eine spirituelle Erfahrung.

Fira de la Flor
Besuche Costitx jedes Jahr am 1. Mai, um zu sehen, wie die Häuser und Straßen der Stadt mit Blumen geschmückt sind.

Antike Talayot-Stätten
Um Sencelles und Costitx gibt es diese Stätten: Santuari Talaiòtic de Son Corró, Es Turassot und Talaiot de Binifat.

Getrocknete Blumen in Costitx (S. 123)

IN DIE LÜFTE STEIGEN

Hast du Lust auf einen Perspektivwechsel? Dann versuch es doch mit einer Heißluftballonfahrt! Die Flüge am frühen Morgen und am Nachmittag über El Pla sind eine fantastische Möglichkeit, die Insel zu betrachten und den Sonnenaufgang zu fotografieren. Du kannst eine private Tour buchen oder an einer Gruppenfahrt in einem der größeren Körbe teilnehmen. Anschließend wirst du wieder abgeholt, mit *cava* (Sekt) oder Fruchtsaft „getauft" und bekommst eine Urkunde zur Erinnerung an den Flug. Buche bei Mallorca Balloons Globodromo. Sie haben über 30 Jahre Erfahrung und mehrere internationale Heißluftballon-Meisterschaften gewonnen. Du bist in sicheren Händen.

Nutze diesen QR-Code, um deine Ballonfahrt zu buchen.

ten Palast unterhielten. Der Wochenmarkt (mittwochs) belebt die Stadt, wenn Vieh, Lebensmittel, Keramik, Kunsthandwerk, Lederwaren etc. zum Verkauf stehen. Lege einen Stopp an der **Plaça des Fossar** ein, um dich in einem der Cafés zu stärken.

Sowohl Petra als auch Sineu sind von Palma aus mit dem Zug zu erreichen, was die Anreise aus der Hauptstadt erleichtert.

ESSEN

El Rey de la Tapa
Tapas und Paella in Sineu, mit freundlichem Service. **€**

Restaurant Molí d'en Pau
Hochwertige traditionelle mallorquinische Küche in einer Windmühle in Sineu, mit Terrasse. **€€**

Es Celler
Ausgezeichnete traditionelle Küche in einem stimmungsvollen großen Gewölbekeller in Petra. **€€**

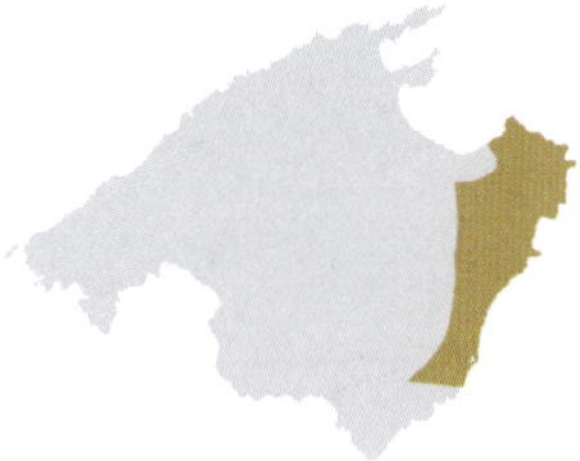

ÖSTLICHES MALLORCA

BURGEN, HÖHLEN UND BUCHTEN

Der Osten der Insel birgt einen besonderen Zauber mit dem goldenen Licht auf den Burgmauern von Capdepera, dem friedlichen Naturpark Llevant und geheimnisvollen Höhlen.

VIVOOO/SHUTTERSTOCK ©

Abseits der Touristenorte erstreckt sich eine felsige Landschaft mit tiefen Höhlen, ruhigen *calas* (Buchten) und interessanten Gezeitentümpeln. Die Wanderwege des Parc Natural de la Peninsula de Llevant bieten herrliche Ausblicke auf das Mittelmeer. Die zauberhafte Landschaft dieses Gebiets ist auch die Heimat von Adlern und Wanderfalken.

Die mittelalterlichen Städte Artà und Capdepera nehmen ihre Gäste mit auf eine Reise in die Vergangenheit. Noch mehr Geschichte findet sich in den uralten unterirdischen Drachenhöhlen und den Talayot-Ruinen von Ses Païsses. In den Fischerdörfern Porto Cristo (heute ein familienfreundlicher Badeort) und Portocolom herrscht eine entspannte maritime Atmosphäre. Die stimmungsvollen Bilderbuchorte locken mit Fischrestaurants direkt am Wasser und einigen hübschen Buchten in der Umgebung. Der Osten erlaubt auch einen Aktiv-Urlaub: Reiten, Kajakfahren entlang der zerklüfteten Küste, Klippenspringen, Coasteering oder Gleitschirmfliegen ...

DIE HAUPTREGIONEN

ARTÀ
Mittelalterliche Stadt mit Boho-Charme.
S. 134

CAPDEPERA
Befestigte mittelalterliche Stadt auf einem Hügel.
S. 138

VULCANO/SHUTTERSTOCK ©

Portocolom (S. 141)

Erste Orientierung

Der Osten der Insel bietet eine faszinierende Mischung aus Geschichte, Kultur (mit einer Fülle von lokalen Festen) und Natur. Erkunde die natürliche, wilde Schönheit der Küstenregion.

AUTO

Das Auto ist das beste Verkehrsmittel für den Osten Mallorcas, sowohl für das Landesinnere als auch für die Küste. Die öffentlichen Verkehrsmittel sind hier nur begrenzt verfügbar.
Die Straßen zu den beliebtesten Stränden und Buchten sind im Sommer häufig verstopft. Also: entweder früh aufbrechen oder die ausgetretenen Pfade verlassen.

Capdepera, S. 138

Die charmante Stadt Capdepera liegt auf einem Hügel. Sie besitzt eine beeindruckende mittelalterliche Festung mit toller Aussicht, die früher vor allem zum Schutz vor Piraten diente.

Artà, S. 134

Diese attraktive mittelalterliche Stadt wartet mit Burgwällen und Höfen auf, perfekt zum Schlendern und weit weg vom Tourismus-Trubel der Küste.

BUS

Busse verkehren zwischen den wichtigsten Ferienorten entlang der Küste und zu den Hauptorten Artà und Capdepera – sowohl von Palma als auch von Pollença aus. Es gibt nicht viele Verbindungen und die Fahrten können lang sein.

ZUG

Diese Seite der Insel ist nicht gut an den Zugverkehr angebunden. Die alte Bahnlinie von Manacor nach Artà wurde zur *vía verde* umfunktioniert – zu einem 29 km langen Radweg. Fahrräder können in der Nähe des alten Bahnhofs von Artà gemietet werden.

Perfekte Tage

Ein Aufenthalt im Osten Mallorcas bietet Strand, Abenteueraktivitäten, Natur, Geschichte und Kultur sowie Zugang zu einem entschleunigten Inselleben.

Cala Torta und Cala Mitjana (S. 137)

Wenig Zeit

- Besuche die **Coves del Drac** (S. 141) und begib dich auf eine geheimnisvolle Reise in eine Welt voller Grotten und geologischer Wunder. Triff früh ein, um den Menschenmassen zu entgehen und die Kühle der unterirdischen Höhlensysteme zu genießen. Die Drachenhöhlen erstrecken sich über 4 km und liegen 25 m tief. Sie sind stimmungsvoll beleuchtet. Du kannst auch eine kurze Bootsfahrt auf dem großen unterirdischen See unternehmen. Keine Lust auf Touristenmassen? Dann besuche stattdessen die **Coves dels Hams** (S. 141).

NICHT VERPASSEN!

Das ganze Jahr über finden zahlreiche lokale Feste und Events statt. Die Winter sind relativ mild. Die Küste und die Bergstädte üben zu dieser Zeit einen besonderen Reiz aus.

JANUAR

Port Cristo, Capdepera und Artà feiern **Sant Antoni** Mitte des Monats mit Feuern und *dimonis* (Teufelsfiguren).

MÄRZ/APRIL

In Artà finden die Prozessionen der **Karwoche** und das *davallament* (Kreuzabnahme) statt.

MAI

Die **Fira i Mercat Medieval** ist ein mittelalterlicher Markt/Jahrmarkt am dritten Wochenende im Mai in Capdepera.

Drei Tage Zeit

- Besichtige die mittelalterlichen Städtchen **Artà** (S. 134) und **Capdepera** (S. 138). Sie eignen sich auch als Ausgangspunkte für Ausflüge zu den nahe gelegenen Stränden oder zum **Naturpark Llevant** (S. 136). Bei so vielen Wanderwegen im Naturpark und bei so vielen traumhaften Buchten in dieser Gegend solltest du nicht vergessen, einfach ein wenig zu entschleunigen und zu entspannen.

Länger Zeit

- Verbringe ein paar Tage in einem der beiden attraktiven Fischerdörfer **Portocolom** (S. 141) oder **Porto Cristo** (S. 140). Erkunde die Küste mit ihren Buchten und Höhlen auf dem Seeweg im Rahmen einer Bootstour. Buche bei Natura Cavall einen Reitausflug durch die Berge oder am Meer entlang. Radle oder wandere zur **Ermita de Betlem** (S. 137) und genieße die spektakuläre Aussicht vom Mirador. Erkunde die Pfade des **Naturparks Llevant** (S. 136) und übernachte vielleicht in einer der Schutzhütten des Parks.

JULI

In der Woche vor dem 16. Juli wird in Porto Cristo die **Verge del Carme,** die Schutzpatronin der Fischer, geehrt.

AUGUST

In der ersten Augustwoche finden die **Festes de Sant Salvador** zu Ehren des Schutzpatrons von Artà, statt.

NOVEMBER

Viele Restaurants, Hotels und andere Unternehmen schließen über den Winter und erwachen ab Februar aus dem **Winterschlaf.**

DEZEMBER

Im Dezember ist Zeit, den **Weihnachtsmarkt** in Artà zu besuchen.

ARTÀ

Die mittelalterliche Stadt Artà am Fuße eines Hügels versprüht mit ihren verwinkelten Gassen, den freundlichen Cafés und den quirligen Plätzen ein Bohème-Flair. Die Stadt wird dominiert von imposanten Steinmauern. Eine lange Steintreppe führt hinauf zur Wallfahrtskirche Sant Salvador, die die Stadt überragt. Von dort bietet sich eine Aussicht auf die Serra de Llevant, die nur 5 km nördlich von Artà liegt. Dieses Llevant-Gebirge und der Naturpark Llevant eignen sich für Leute, die gern wandern, Rad fahren oder Vögel beobachten. Ein besonders beliebter, aber anspruchsvoller Radweg führt zum Mirador de la Ermita de Betlem, mit weitem Blick auf das Cap de Ferrutx und die Badia d'Alcùdia, und weiter zur Einsiedelei gleichen Namens. Ruhige Buchten verbinden Strandvergnügen mit Abenteuer: Die Cala Bota ist eine geschützte Bucht mit Sandstrand; das kristallklare Wasser der Cala Pilota liegt nur eine kurze Kraxelpartie von Klippen und Höhlen entfernt. Die Cala Magraner ist größer und sehr reizvoll.

TOP TIPP

Ein Mietwagen ist eine gute Idee für den Besuch von abgelegenen Orten. Plane mehr Zeit ein, denn auf den Landstraßen kann es länger dauern. Im Sommer sollte man früh zu beliebten Stränden aufbrechen, um einen Parkplatz zu ergattern. Busfahrten sind möglich, aber die Verbindungen sind rar.

LOCAL TIPP

Xavier Ferrer Rojo ist die Gründer von Natura Cavall, einem lokalen, familiengeführten Projekt, das sich auf die Rettung und Genesung von Pferden spezialisiert hat.

„Ich liebe es, durch Steineichenwälder zu reiten, über steinige Bergpfade mit schwindelerregenden Aussichten oder hinunter zu abgelegenen Stränden, wo man mit den Pferden schwimmen kann. Pferde sind unsere Leidenschaft. Wir haben mehr als 30 Pferde auf dem Familienhof."

Entspannte Stadt auf dem Hügel

ANTIKE GESCHICHTE TRIFFT MITTELALTER

In diesem mittelalterlichen Kleinod ist von Hektik keine Spur. Artà wurde vor Kurzem vom internationalen Netzwerk lebenswerter Städte zur *Citàslow* ernannt. Die bezaubernden Gassen, die stattlichen Steinhäuser mit grünen Fensterläden und blühenden Bougainvilleen sowie die von Geschäften und Cafés gesäumten Plätze verleihen der Stadt eine entspannte Atmosphäre. 180 Stufen führen hinauf zum Kalvarienberg, der von Zypressen flankiert wird. Auf ihm steht die Wallfahrtskirche **Santuari de Sant Salvador.**

Radfahrende erwartet die ***vía verde***, ein 29 km langer Rad- und Wanderweg, der von Artà auf einer alten Eisenbahntrasse nach **Manacor** führt. Er bietet viel Schatten durch Kiefern, Steineichen und Tamarinden entlang des Weges. Unterwegs gibt es Picknicktische und ein Eisenbahnmuseum in Son Carrió.

Das lokale Unternehmen **Natura Cavall** organisiert Reitausflüge in die umliegende Landschaft und an die Küste. Wer weniger Aktivität vorzieht, kann auch einfach nur durch die Stadt schlendern und den Charme der Cafés genießen. Das Angebot an Einkaufsmöglichkeiten ist groß und reicht von Kunstgalerien über Boutiquen bis hin zu traditionellen Handwerksläden. Mit einer feinen Auswahl an Unterkünften und Restaurants ist Artà ein guter Ausgangspunkt für die Erkundung des Ostens.

HIGHLIGHTS
1 Santuari de Sant Salvador
2 Ses Païsses

SEHENSWERTES
3 Cala Bota
4 Cala des Matzoc
5 Cala Estreta
6 Cala Magraner
7 Cala Pilota
8 Caló dels Ermitans
9 Font Cellada
10 Naturalpark Llevant
11 Mirador de la Ermita de Betlem
12 Mirador de Na Clara
13 Torre d'Aubarca

SPORT & AKTIVITÄTEN
14 Canyamel
15 Mero Diving
16 Natura Cavall
17 Vía Verde

SCHLAFEN
18 Can Simoneta

Antike Geschichte in Ses Païsses

EINE TALAYOT-SIEDLUNG ERKUNDEN

Erkunde die Überreste von **Ses Païsses,** die gleich hinter Artà liegen, und erfahre, wie das Leben auf der Insel vor über 3000 Jahren aussah. Die Stätte stammt aus der Bronzezeit und ist die größte und wichtigste Talayot-Siedlung im Osten der Insel. Das **Museu Regional D'Artà** zeichnet die Vergangenheit der Stadt anhand von Fundstücken wie Schmuck, Keramik und Haushaltsgegenständen aus talayotischer, römischer und maurischer Zeit nach.

Das Steintor der Stätte, das aus acht Tonnen schweren Platten besteht, bildet einen beeindruckenden Übergang in die

ÜBERNACHTEN IN ARTÀ

Yartan Boutique Hotel
Stilvoll und elegant, Herrenhaus aus dem 18. Jh. mit Pool, Hammam, Weinkeller und Terrasse. **€€€**

Hotel & Restaurant Jardí d'Artà
Warm und einladend, üppige schattige Gärten, schöner Außenpool. **€€**

Es Racó d'Artà
Stilvolle Unterkunft auf dem Land mit aufmerksamen Personal und einer ruhigen und luxuriösen Atmosphäre. **€€€**

BESTE WANDERUNGEN & ABENTEUER

Erklimme den **Puig de Ferrutx,** den zweithöchsten Gipfel in den Serres de Llevant (523 m), der eine fantastische Aussicht auf die Insel bietet. Starte an der Ermita de Betlem.

Wanderung zum **Torre d'Aubarca.**

Von der **Cala Agulla** geht es auf steinigem Weg hinauf zur **Talaia de Son Jaumell,** einem Aussichtsturm aus dem 16. Jh. Der Aufstieg von der Cala Mesquida bietet eine alternative Route. Vom Gipfel aus hat man einen herrlichen Ausblick.

Lust auf Coasteering? **Experience Mallorca** kann einen Tag mit Klettern, Klippenspringen, Abseilen und Schwimmen organisieren.

Die ***vía verde*** (S. 134) entlangradeln.

TRABANTOS/SHUTTERSTOCK ©

Ses Païsses (S. 134)

geheimnisumwitterte Welt des prähistorischen Mallorca. Die von Bäumen beschattete Stätte ist in weniger als 30 Minuten durchschritten, aber man sollte sich ruhig mehr Zeit lassen.

Wir wissen wenig über das soziale oder religiöse Leben der Talayot-Kultur, aber Sicherheit war eindeutig ein Thema: Man lebte hinter einem doppelten Ring aus Steinmauern, der 650 bis 540 v. Chr. errichtet wurde. Innerhalb der Mauern wurden kleine Rundbauten um einen zentralen *atalaia* (Wachturm) errichtet. Nach der Ankunft der Römer im Jahr 123 v. Chr. wurden die Siedlungen aufgegeben.

Vom großen Kreisverkehr östlich der Tourist Information von Artà der Beschilderung Richtung Ses Païsses folgen.

Wilde Wanderungen

PFADE DES NATURPARKS LLEVANT ERKUNDEN

Der 16,7 km² große **Naturpark Llevant** umfasst Küstenabschnitte, Klippen in den Naturschutzgebieten **Cap de Fer-**

ÜBERNACHTEN IM PARC NATURAL DE LA PENÍNSULA DE LLEVANT

Natura Cavalls Finca
Unweit von Artà; umweltfreundlich und abgelegen. Kein WLAN. Einfach und entspannt. Perfekt für Reitausflüge. **€**

S'Alzina Retreat
Komfortable und einfache Berghütte. Es gibt einige Doppelzimmer mit eigenem Bad. **€**

Refugio S'Arenalet Retreat
Das Hotel liegt im Naturpark an einem schönen wilden Strand. Nur zu Fuß erreichbar. Online reservieren. **€**

rutx und **Cap des Freu,** Pinienwälder, altes Ackerland mit Oliven-, Johannisbrot- und Mandelhainen, Heideland voller Diss und einen Großteil des Artà-Gebirges (Muntanyes d'Artà) sowie die höchsten Gipfel der Serra de Llevant. Das Gebiet ist außerdem Teil des Natura-2000-Netzwerks der EU und eine besonderes Vogelschutzgebiet.

Um von Artà hierher zu gelangen, folgst du der Straße zur **Ermita de Betlem** (Ma 3333). Das Informationsbüro (Tel. 606 096 830) des Parks berät über die 13 verschiedenen Wanderwege (auf einer Karte abgebildet). Auch eine geführte Tour ist möglich. Innerhalb des Naturparks gibt es drei Einkehrmöglichkeiten und am Strand von S'Arenalet darf man nach Anmeldung campen. Neben einem Wachturm an der Küste, alten Landgütern und Olivenölmühlen sind auch Überreste eines Gefangenenlagers aus der Zeit des Spanischen Bürgerkriegs sehenswert. Der Park ist voller Wildtiere (Igel, Erdkröten, Schildkröten, Grasmücken, Wanderfalken, Schmutzgeier, Zwergadler ...) und eine fantastische Gegend zur Vogelbeobachtung. Nimm Rücksicht auf die Natur im Park, schließe die Gatter hinter dir und bleibe auf den Wegen.

Calas, Höhlen und Küstenerkundung

VERSTECKTE HÖHLEN & FELSENPOOLS

Die Ostküste bietet viele schöne Buchten mit kleinen Sandstränden; einige der besten verfügen über versteckte Höhlen und Gezeitentümpel. **Can Simoneta** war einmal das Refugium eines Mönchs im 19. Jh., der hier eine Salzwasserkur machte (das Wasser der Gezeitenpools gilt als heilend). Heute ist es ein Fünf-Sterne-Hotel. Wer hier nächtigt, kann über die Steinstufen direkt zu den Gezeitenpools hinabsteigen. Sie lassen sich auch mit dem Kajak oder Paddelboot ab Canyamel übers Wasser erreichen.

Melde dich bei der örtlichen **Tauchschule Mero Diving** zu geführten Tauchgängen und Schnorcheltouren in der Gegend oder bei **Kayak Mallorca** für Kajakabenteuer an.

Erkunde die abgelegeneren Küstenabschnitte und wandere zu Stränden wie **Cala des Matzoc, Font Celada** oder **Calò dels Ermitans.** In der Nähe der Cala des Matzoc steht der Torre d'Aubarca, ein Wachturm aus dem 18. Jh. am Rande der Landzunge. Von der Cala Estreta aus geht's an der Küste entlang und um mehrere Buchten herum. Du kannst den Turm erklimmen und von oben den Blick aufs Meer genießen.

Der **Mirador de Na Clara** oberhalb der **Cala Na Clara** ist ein wunderbarer Ort für die Sternenbeobachtung – vergiss nur nicht, eine Taschenlampe für einen sicheren Abstieg mitzunehmen.

WARUM ICH DEN NATURPARK LLEVANT LIEBE

Laura McVeigh, Autorin

„Mallorca bietet eine Fülle von unglaublichen Wandermöglichkeiten: Küstenrouten mit Gipfelbesteigungen oder Waldmärsche entlang von Wasserfällen und durch sanftes Land und Wildblumenwiesen. Es ist für alle Schwierigkeitsgrade etwas dabei. Die wilde Schönheit des Naturparks Llevant begeistert mich. Er ist auch weniger besucht als andere Wanderregionen der Insel. Es gibt nur wenige Orte, die eine solche landschaftliche Vielfalt bieten, darunter Klippen, Kiefernwälder und Berggipfel. Ein Wandertag wird hier mit unglaublichen Aussichten und einem Gefühl der Verbundenheit mit der Natur belohnt."

Wachturm im Naturpark Llevant

PEP FUSTER/SHUTTERSTOCK ©

BESTE STRÄNDE

Cala Mesquida
Hinter den Sanddünen, mit dem Bus von Cala Ratjada aus erreichbar, familienfreundlich, mit Strandbars.

Cala Mitjana
Diese kleine, geschützte Bucht ist über einen Pfad von der Cala Mesquida aus zugänglich (dauert eine Stunde).

Cala Torta
Ein wilder, von Dünen gesäumter Strand.

CAPDEPERA

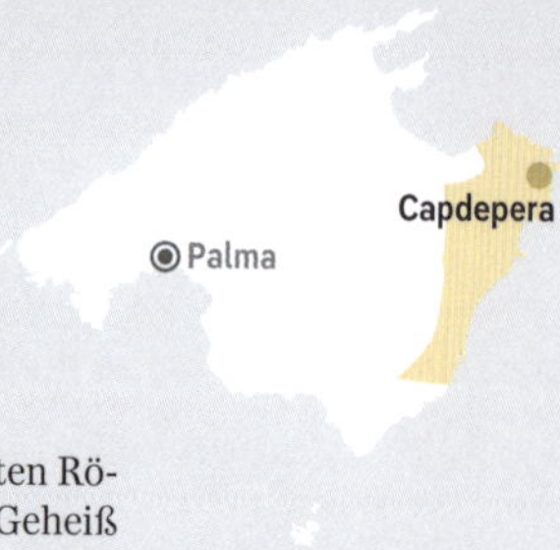

Hier gab es einst bronzezeitliche Siedlungen, später lebten Römer und Mauren hier. Capdepera wurde offiziell auf Geheiß von König Jaume II. zum Schutz vor Eindringlingen und Piraten errichtet. Die befestigte Stadt liegt näher an der Nachbarinsel Menorca als an Mallorcas Hauptstadt Palma.

Das Castell de Capdepera, eine Festung aus dem 14. Jh., ist bis heute erhalten. Die Stadt feiert ihre Vergangenheit jedes Jahr im Rahmen eines Mittelaltermarkts, inklusive Ritterspielen und Greifvogel-Flugshows.

Erkunde die Altstadt von Capdepera, übernachte in einer der nahe gelegenen Fincas und genieße feine Restaurants und gemütliche Cafés. Capdepera scheint meilenweit von den geschäftigen Touristenorten an der Küste entfernt zu sein.

TOP TIPP

Ein Mietwagen eignet sich hier am besten. Versuche, deinen Besuch in der Stadt mit einem der Feste zu verbinden. Neben dem mittelalterlichen Jahrmarkt Mitte Mai sind auch die Festes de San Roc i Sant Bartomeu im August sehr beliebt.

LOCAL TIPP

Miguel Alburquerque, Gründer von Kayak Mallorca, lehrt Kajakfahren seit 1996.

„Meine liebste Kajakroute führt entlang der Bucht von Pollença in Richtung Formentor, mit der majestätischen Serra de Tramuntana im Hintergrund. Einige meiner Lieblingsplätze an der mallorquinischen Küste sind der Faro de Punta de la Avanzada, La Pedrera oder der Puig de Ros. Einer meiner Lieblingsstrände ist die Playa Es Caló, denn sie ist oft menschenleer."

Mittelalterliches Capdepera

TOUR DURCH DIE MITTELALTERLICHE STADT

Capdepera, einst eine römische, später eine maurische Siedlung und dann unter spanischer Herrschaft zur Verteidigungsstadt ausgebaut, versprüht noch heute das Flair einer mittelalterlichen Stadt – durch die engen Gassen, die Häuser aus dem 14. Jh., die zinnenbewehrten Steinmauern und die Burg, die über der Stadt thront. Du kannst die Stadtmauern zu Fuß erkunden sowie die Wehrtürme, die kleine Kirche und die Casa del Gobernador besichtigen. Die **Iglesia de Sant Bartomeu,** dem Schutzpatron von Capdepera geweiht, ist eine weitere nette Kirche mit gewölbten Decken und verzierten Seitenkapellen.

Genieß die entspannte Café-Kultur auf den Plätzen. Im Sommer solltest du auf der Terrasse des beliebten **L'Orient Café** Halt machen. Auf dem **Wochenmarkt** (mittwochs) kannst du lokale Produkte, Lebensmittel und Kunsthandwerk erwerben. Verpasse nicht die tollen Sonnenuntergänge am Leuchtturm **Faro de Capdepera.** Er ist immer noch in Betrieb und spielt eine wichtige Rolle bei der Kommunikation mit Menorca. Erkunde das Anwesen **Sa Torre Cega** (Blinder Turm) mit schönem Garten und wunderbarer Skulpturensammlung. Führungen für dieses Küstenanwesen, das sich im Besitz der Fundación Juan March befindet, können im Voraus gebucht werden.

Beachte, dass die Gänge in der **Burg** uneben sind, es viele Stufen gibt und der Zugang nicht barrierefrei ist. Die Steine können rutschig sein.

EL LOBO/SHUTTERSTOCK ©

Faro de Capdepera

ÜBERNACHTEN

Hotel Predi Son Jaumell
Luxuriöser Finca-Aufenthalt mit Michelin-Stern-Restaurant unter der Leitung von Andreu Genestre. **€€€**

Hotel Creu de Tau
Charmantes Hotel mit viel Liebe zum Detail, herzlichem Empfang, ausgezeichnetem Spa und feiner Küche. **€€**

Cases de Son Barbassa
In wunderschöner Landschaft nahe der Küste. Mit Pool, Spa und Restaurant; ein echter Dauerbrenner. **€€€**

Rund um Capdepera

Entdecke den Charme der Ostküste in alten Fischerdörfern und geologischen Wundern wie den Coves del Drac und Coves dels Hams.

Die Ostküste bietet eine Mischung aus lebendigen Ferienorten, familienfreundlichen Gegenden und abgelegenen Buchten. Einige Fischerdörfer wie Porto Cristo und Portocolom sind charmante Orte wie aus dem Bilderbuch. In der Nähe von Porto Cristo kannst du ein paar der spektakulärsten unterirdischen Höhlensysteme der Insel besuchen – entweder die ruhigeren Coves dels Hams oder die beliebten (und deshalb viel besuchten) Coves del Drac. Diese 4 km langen und 25 m tiefen Höhlen sollen Jules Verne zu seinem Buch „Die Reise zum Mittelpunkt der Erde" inspiriert haben.

TOP TIPP

Erkunde den Norden der Insel in deinem eigenen Tempo mit einem Mietwagen oder in der Hochsaison mit den lokalen Bussen, die zwischen den wichtigsten Ferienorten verkehren.

Coves del Drac

BALATE DORIN/SHUTTERSTOCK ©

Magische Höhlen

UNTERIRDISCHE WELTEN ERFORSCHEN

Eine der beliebtesten touristischen Attraktionen sind die **Coves del Drac** in der Nähe von Porto Cristo. Dieses unterirdische System aus Höhlen und Seen ist ein geologisches, zehn Millionen Jahre altes Wunder. Die Höhlen wurden erstmals im 19. Jh. vom Kartografen und Höhlenforscher M. F. Will richtig erforscht. Später, im Jahr 1896, entdeckte E. A. Martel neue Höhlen und den großen unterirdischen See, der heute besichtigt werden kann.

Es gibt vier Hauptkavernen und sechs unterirdische Seen, von denen der größte der **Lago Martel** ist. Die Beleuchtung erzeugt unglaubliche Schatten und Muster. Der Besuch dauert etwa eine Stunde und beinhaltet eine kurze Bootsfahrt auf dem See, begleitet von klassischer Musik.

Wer es lieber etwas ruhiger mag und mehr Zeit hat, die Umgebung zu genießen, dem sei ein Besuch der nahe gelegenen **Coves dels Hams** empfohlen. Es gibt drei Höhlen: Die Runde Höhle beherbergt einen Botanischen Garten, in der Blauen Grotte wird ein Dokumentarfilm zur Geschichte Mallorcas auf die Oberfläche der Höhle projiziert und in der Klassischen Höhle wird ein unterirdischer See mit klassischer Musik untermalt.

In den Höhlen ist es kühler (18 bis 20 °C), also nimm eine Jacke mit, auch wenn es draußen sehr warm ist.

Historischer Küstencharme

PORTOCOLOM UND NAHE GELEGENE STRÄNDE

Südlich von Porto Cristo kommst du an mehreren idyllischen Stränden und Buchten vorbei. Zu den besten gehören die goldsandige **Cala Romántica** mit ihrem türkisfarbenen Wasser, die **Cala Varques,** die **Cova del Pilar** und die **Cala Magraner.** Um sie zu erreichen, muss man ein wenig wandern, wodurch sie angenehme Zwischenstopps auf dem Weg nach **Portocolom** abgeben. Dieses Fischerdorf, das in einer Bucht liegt, hat sich seinen ursprünglichen Charme bewahrt. Der Ort wurde nach Christoph Kolumbus benannt, der hier angeblich geboren wurde (die Beweislage für diese Behauptung ist dünn). Kulinarisch ist vor allem das Restaurant **Sa Llotja** zu empfehlen, der Terrassenblick aufs Wasser ist begehrt.

Portocolom ist auch ein guter Ausgangspunkt für Outdoor-Aktivitäten. Hier gibt es eine Segelschule. Und das **Skualo Adventure Sports Centre** ist auf Tauchausflüge, Schnorchel- und Höhlentouren, Paddelboarding, Speedboat- und Seekajakfahrten spezialisiert. Wenn du eine sanfte Bootsfahrt vorziehst, kannst du bei **Starfish** eine Glasbodenboot-Tour buchen.

GUT ESSEN

Quince Restaurant & Catina
Restaurant mit Boho-Schick in Porto Cristo mit einer breiten Palette an Gerichten, die internationale Aromen kombinieren. €€

La Magrana
Nettes Café mit Gartenterrasse in Porto Cristo. €€

Sa Pedra
Terrasse mit Blick auf den Yachthafen in Porto Cristo, bekannt für Paella mit Meeresfrüchten, aber auch für Vegetarier:innen ist gesorgt. €€

HPC Restaurant
Stilvolle, moderne spanische Küche in angenehmer Umgebung in Portocolom. €€

Restaurant Sa Llotja
Beliebtes Fischrestaurant mit herrlicher Terrasse am Wasser in Portocolom. €€

Restaurante Ecológico Cala Marcal
Frisches Bio-Essen mit vielen vegetarischen und veganen Optionen. Schöner Blick von der Terrasse. Reservieren. €€

ÜBERNACHTEN

Hotel Son Mas
Renoviertes Anwesen aus dem 17. Jh. auf 20 ha, mit Innen- und Außenpools, Spa und feiner Küche. **€€€**

Can Simoneta
Fünf-Sterne-Luxus, nur für Erwachsene, auf einer Klippe mit Zugang zum Strand von Canyamel. **€€€**

JS Portocolom Suites
Moderne Atmosphäre mit Blick auf den Hafen und die Altstadt. **€€€**

VULCANO/SHUTTERSTOCK ©

Cala Figuera (S. 149)

SÜDLICHES MALLORCA

WILDE STRÄNDE UND FISCHERDÖRFER

Von der Talayot-Siedlung bei Capocorb Vell bis zu den weißen Sandstränden und dem türkisfarbenen Wasser der Platja des Trenc – der Süden Mallorcas ist verführerisch.

Ein Aufenthalt im Süden der Insel bietet wilde Strände, ruhige Calas entlang der Küste und einen reizvollen Naturpark bei Mondragó (Foto rechts) mit mehreren Hufeisenbuchten, die von Pinienwäldern umgeben sind. Genieße die natürliche Schönheit der Gegend. Kleine Fischerdörfer, antike Stätten aus der Bronzezeit, unterirdische Höhlen und eine Gruppe kleiner, geschützter Inseln (Cabrera-Archipel) laden zu Erkundungen ein. Erlebe einen unvergesslichen Sonnenuntergang am Mirador de Maioris oder am Leuchtturm von Mallorcas südlichster Spitze, dem Cap de Ses Salines. Im Landesinneren findest du die größeren Marktstädte Llucmajor, Campos und Santanyí sowie einige Dörfer. Besuche auch zauberhafte Aussichtspunkte wie den Torre de S'Estalella aus dem 16. Jh. oder Es Pontàs, einen gewaltigen natürlichen Felsbogen.

MARTIN VALIGURSKY/SHUTTERSTOCK ©

Dieser Teil der Insel ist im Sommer am schönsten, aber auch außerhalb der Saison kann ein Besuch interessant sein, ganz besonders für Naturliebhaber:innen.

DIE HAUPTREGIONEN

SANTANYÍ
Kosmopolitische Stadt mit Boho-Flair.
S. 148

PARC NATURAL DE MONDRAGÓ
Ruhige Buchten und Pinienwälder.
S. 154

PARC NACIONAL DE L'ARXIPÈLAG DE CABRERA
Spaniens größtes Naturschutzgebiet.
S. 156

AUTO

Mit dem Auto bist du in diesem Teil der Insel am besten unterwegs. So kannst du die Gegend in deinem eigenen Tempo erkunden und auch einige Orte abseits der ausgetretenen Pfade erreichen.

BUS

Es fahren Busse von Palma nach Santanyí und in die größeren Küstenorte, aber die Fahrten dauern lange, und die Busse verkehren nicht sonderlich häufig. Aktuelle Streckenkarte und Fahrplan siehe tib.org.

Parc Nacional de l'Arxipèlag de Cabrera, S. 156

Spaniens größtes Naturschutzgebiet, das 19 unbewohnte Inseln und Inselchen umfasst: Zugang nur mit Genehmigung.

Erste Orientierung

Erkunde Mallorcas felsige Küste und unberührte, wilde Strände, besuche antike Stätten aus der Bronzezeit, entdecke die Schönheit des Cabrera-Archipels und des Naturparks Mondragó und genieße den Sonnenuntergang an der Südspitze der Insel.

Santanyí, S. 148

Kosmopolitische Stadt mit Wochenmarkt und einer lebendigen Restaurantszene.

Naturpark Mondragó, S. 154

Kontrastreiche Kiefernwälder und Wanderwege an azurblauen Buchten sowie eine vielfältige Vogelwelt mit Turmfalken, Wiedehopfen, Brachvögeln und Wanderfalken.

Perfekte Tage

Mit Naturparks, zahlreichen Buchten und Höhlen, entspannten Städten und einem traditionsreichen Hinterland bietet der Süden Mallorcas einen gemütlichen Einstieg in das Inselleben.

MARTIN VALIGURSKY/SHUTTERSTOCK ©

Platja des Trenc (S. 149)

Kurztrip

● Besuche den **Parc Nacional de l'Arxipèlag de Cabrera** (S. 156). Für dieses unbewohnte Naturschutzgebiet mit 19 Inseln und Inselchen ist eine Genehmigung erforderlich, also nimm am besten an einer organisierten Tour teil. In den Sommermonaten fahren die Boote von Colònia de Sant Jordi ab. Auf der Überfahrt kannst du vielleicht Delfine und Wale erspähen. Die Vielfalt der Tierwelt ist mit über 200 Fisch- und 150 Vogelarten unglaublich groß. Es gibt einige Wandermöglichkeiten auf der **Illa de Cabrera** (S. 156), eine Burg und ein kleines Museum, das über die faszinierende Geschichte der Inseln informiert. Die **Cova Blava** (Blaue Höhle, S. 156) bietet ein magisches Schnorchelerlebnis.

NICHT VERPASSEN!

Gastronomische Festivals und Konzerte unter freiem Himmel, Nachtmärkte, Kunsthandwerksmessen und Sommerpartys – im Süden Mallorcas gibt es viel zu erleben.

APRIL

Salz- und Gewürzmesse in Ses Salines, der Heimat der berühmten *flor de sal* aus den Salinas d'Es Trenc.

MAI

Auf der **Festa des Tondre** in Es Llombards werden die Schafe nach alter Art mit der Schere geschoren.

JUNI/JULI

Die Messe **Fira de la Pagesia** in S'Alqueria Blanca hat einen landwirtschaftlichen Fokus und bietet eine große Sommer-Party.

VENTURA/SHUTTERSTOCK ©, JOSEMICHINEA/SHUTTERSTOCK ©, KONSTANTIN TRONIN/SHUTTERSTOCK ©

3-Tages-Trip

- In **Santanyí** (S. 148) gibt es einige fantastische Boutiquehotels und Fincas, Kunstgalerien, schöne Plätze und einen lebhaften Markt. Von hier aus kannst du den **Parc Nacional de l'Arxipèlag de Cabrera** (S. 156) erkunden und einen Tag an der **Platja des Trenc** (S. 149) verbringen – einem wunderschönen, langen Streifen mit feinem weißem Sand. Es gibt nur wenige Versorgungsmöglichkeiten, also bring deinen eigenen Sonnenschirm, Wasser und auch Sonnenschutz mit. Mach dich im Sommer früh auf den Weg, um einen Parkplatz zu ergattern. Verbringe den dritten Tag im **Naturpark Mondragó** (S. 154) mit der Erkundung seiner herrlichen Strände. Genieße ein Abendessen in **Portopetro** (S. 154) mit Blick auf den Hafen.

Länger Zeit

- Verbringe einen Tag mit einer Küstenwanderung und einen Tag mit der Erforschung der antiken Inselgeschichte. Lass das Auto in **Colònia de Sant Jordi** (S. 149) stehen und nimm ein Taxi zum **Leuchtturm Cap de Ses Salines** (S. 149) mit Blick auf die Illa de Cabrera. Von dort aus führt ein dreistündiger Spaziergang zurück zum Anfang, vorbei am Naturstrand Platja des Caragol und den hübschen Buchten und Stränden von Cala en Tugores, Platja de Ses Roquetes, Platja des Carbó und Platja des Dolç. Um die prähistorische Vergangenheit Mallorcas kennenzulernen, solltest du die Ruinen der talayotischen Siedlung **Capocorb Vell** (S. 152) besuchen, die auf 1000 v. Chr. zurückgehen.

AUGUST

Feiere **Santa Maria del Mar** in Cala d'Or mit einem Open-Air-Dinner, einem Nachtmarkt, Konzerten und einer Prozession.

AUGUST

Ses Salines feiert Sant Bartomeu bei der **Festa del Cavall** mit einem Rennen, bei dem die Kids den *dimoni* (Teufel) herausfordern.

SEPTEMBER

Calonge feiert **Sant Miquel** mit Konzerten, Tänzen, Spielen, Kostümen, Jahrmarkt und einem beliebten Angelwettbewerb.

OKTOBER

Die **Herbstmesse** in Santanyí bietet eine große Auswahl an Handwerk, Volkstänzen und kulinarischen Spezialitäten.

SANTANYÍ & UMGEBUNG

Zwischen dem Naturpark Mondragó und Ses Salines gelegen ist Santanyí ein idealer Ausgangspunkt für die Erkundung des Südens – etwa die nahe gelegenen Buchten und Calas oder die wilde Platja des Trenc. Santanyí ist eine lebendige und hübsche Stadt. Die noch erhaltene Stadtmauer und das Tor Porta Murada, das einst zum Schutz vor Piratenangriffen diente, zeugen von der Vergangenheit. Hier gibt es viele gute Restaurants, gemütliche Cafés, Wochenmärkte, Geschäfte mit lokalen Produkten, Kunstgalerien und die unvermeidlichen Immobilienmakler. Santanyí zieht seit Langem Kunstschaffende an und ist auch bei einem internationalen Publikum beliebt.

Vom nahen Colònia de Sant Jordi aus kannst du mit dem Boot zum Cabrera-Archipel übersetzen oder in Capocorb Vell die antike Geschichte der Insel entdecken.

TOP TIPP

Am besten mietest du ein Auto, um die Südküste der Insel in aller Ruhe zu entdecken. Erkundige dich im Voraus nach Parkmöglichkeiten an den belebteren Stränden, besonders in der Hochsaison.

STRÄNDE NAHE SANTANYÍ

Platja des Trenc
Ein 10 km langer Strand mit weißem Sand und seichtem Wasser; Teil eines Naturparks, von Sanddünen umgeben.

Cala Llombards
Mit einer Leiter geht's ins Meer: Der felsige Bereich ist ideal zum Schnorcheln. Mit Café und Beachvolleyballplatz.

Caló des Moro
Schnorcheln in der reichen Unterwasserwelt. Im Sommer sehr beliebt; früh besuchen.

Cala S'Almunia
Noch ein wilder Strand in einer sehr schönen Umgebung. Eher felsige Platte als Sandstrand.

Kunst & Kunsthandwerk

SANTANYÍ ERKUNDEN

Beginne den Tag mit einem starken Kaffee auf der **Plaça Major** in Santanyí, bevor du diese goldgelbe Stadt erkundest. Shoppe in den schicken Boutiquen und besuche Kunst-Ateliers und Werkstätten. Hier lebt eine große (vor allem internationale) kreative Community, die Keramik, Textilien und Kunst in Hülle und Fülle produziert. Die **Casa de Cultura Ses Cases Noves** bietet Ausstellungen und Vorträge über lokale Kunst. Hochwertige Steinmetzarbeiten sind ebenfalls typisch für die Region. Die Werke des bekannten einheimischen Bildhauers Jaume Mir kannst du im nahe gelegenen **Calonge** besichtigen.

Der Samstag ist der geschäftigste Tag in Santanyí, denn dann findet der Wochenmarkt statt (früh da sein). Nach einem Nachmittag an einem der nahe gelegenen Strände genießt du auf dem Hauptplatz, am Olivenbaum des **Sa Cova,** Livemusik (etwa ab 21.30 Uhr). Zum Abendessen empfehlen sich das **Anoa Santanyí** (mediterran/europäisch), das **Laudat** (Feinschmecker), das **Es Molí de Santanyí** (in einer alten Windmühle) oder das **Retroway** (fleischlose und glutenfreie Optionen).

Calas & Höhlen

KÜSTENERKUNDUNG

Die südliche Küste Mallorcas ist voller versteckter Buchten und Calas, die nur darauf warten, erkundet zu werden. Etwa 10 km von Santanyí entfernt liegt die weißsandige **Cala Santanyí.**

Ihr Wasser ist vor der Hochsaison im Sommer oder kurz nachdem die Urlaubermassen abgereist sind, am klarsten. Es gibt Hotels, Restaurants, Duschen, Toiletten sowie Sonnenschirme und Miet-Liegen. Auch Wassersport ist beliebt: SUP oder Kajak ebenso wie Tauchausflüge – versuche es bei **Cala Santanyí Diving.** Es gibt Parkplätze direkt am Strand und von dort einen gepflasterten Weg zum Meer.

Cala Figuera ist eine weitere reizvolle Option, die ebenfalls in der Nähe von Santanyí liegt (10 Min. Autofahrt). Hier gibt es einen wunderschönen Hafen, der in zwei Buchten liegt – **Caló d'en Boira** und **Caló d'en Busques.** Weiße Häuser und Bootshäuser mit grünen Fensterläden, private Stege und vor sich hin dümpelnde Fischerboote machen den hübschen Ort aus. Für den Lunch bieten sich **La Petite Iglésia** oder das **Restaurant Es Port** an. Früher wurde von hier aus der berühmte Marés-Kalkstein von Santanyí in andere Teile der Insel transportiert. Mit ihrem Wachturm **Torre d'en Beu,** der 1569 zur Verteidigung gegen Piratenangriffe erbaut wurde, vermittelt die ruhige Bucht immer noch das Flair des „alten Mallorca".

Küstenwanderungen & Strände

SALZPFANNEN UND RELAXTE ORTE

Starte den Tag früh und mach dich auf den Weg zur **Platja des Trenc,** die so malerisch ist, dass sie schon in mehreren Filmen als Karibikstrand eine „Nebenrolle" spielte. Dieser wilde, weiße Streifen mit türkisfarbenem Wasser erstreckt sich über 10 km und ist umgeben von Sanddünen. Es gibt ein paar kleine *chiringuitos* (Snackbars), aber sonst nur wenige Gebäude. Der Strand eignet sich am besten für ein frühmorgendliches Bad oder um den Sonnenuntergang zu genießen. Nach einem Strandvormittag kannst du in **Colònia de Sant Jordi** zu Mittag essen – das **Cassai Beach House** oder das **5Illes** Strand-Restaurant sind eine gute Wahl. Das ehemalige Fischerdorf ist heute ein (bei den Einheimischen) beliebter Badeort, von dem aus das Boot zum **Cabrera-Archipel** fährt.

Das nahe gelegene **Ses Salines** ist eine attraktive Stadt im Landesinneren mit zahlreichen Geschäften und Restaurants, die lokale Produkte führen. Von hier aus starten Wander- und Radwege. Die Salinen des Ortes, in denen heute Flamingos leben, wurden schon in der Römerzeit zur Salzgewinnung genutzt. Das lokale Unternehmen **Salinas d'Es Trenc** bietet Führungen durch die Salinen an, bei denen der Prozess der Salzgewinnung erklärt wird und du mehr über die zahlreichen Vögel erfährst, die in den Feuchtgebieten zu Hause sind. Nimm etwas von dem berühmten *flor de sal* mit nach Hause.

ÜBERNACHTEN

Petit Hotel Sant Miquel
Charmantes Boutiquehotel in Calonge mit einem Pool auf dem Dach. €€

S'Hotelet de Santanyí
Elegantes Stadthaus in superzentraler Lage in Santanyí mit ausgezeichnetem Frühstück. €€

Can Ferrereta
Fünf-Sterne-Vergnügen in einem Herrenhaus aus dem 17. Jh. in Santanyí mit einem tollen Pool, Spa und Gärten. €€€

Fontsanta Hotel Thermal & Spa
Exklusiv für Erwachsene, ein Aufenthalt der Spitzenklasse. Tolles Spa mit türkischem Bad und Sauna; 6 km von Platja des Trenc. €€€

Villa Piccola by Cassai
Stilvolles Apartment-Hotel in Colònia de Sant Jordi in der Nähe der Strände. €€

Blau Colònia Sant Jordi
Familienfreundliches Resort in der Nähe der Platja des Trenc, mit Tennis, Spa, Pools und Kinderclub. €€

ABENTEUER

Cala Santanyí Diving
Bietet Tauch- und Wassersportaktivitäten ab Cala Santanyí.

Red Star Tours
Bootsausflüge, Bootsverleih, Kajakfahren, Fahrräder und Paddelsurfen ab Cala Figuera.

Més Aventura
Canyoning und Coasteering, Abseilen, Wandern, Klettern, Ausflüge und Kurse.

SANTANYÍ & UMGEBUNG

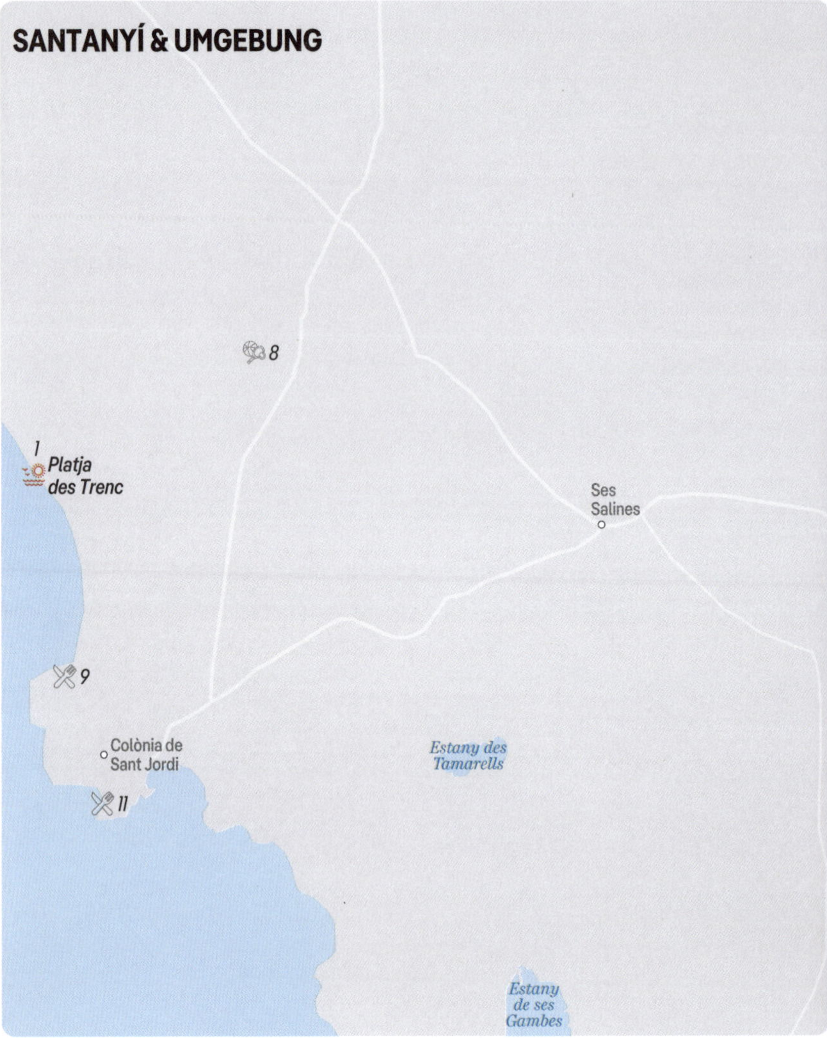

HIGHLIGHTS
1 Platja des Trenc

SEHENSWERTES
2 Cala Figuera
3 Cala Santanyí
4 Casa de Cultura Ses Cases Noves
5 Plaça Major
6 Torre d'en Beu

AKTIVITÄTEN, KURSE & TOUREN
7 Cala Santanyí Diving School
8 Salinas d'Es Trenc

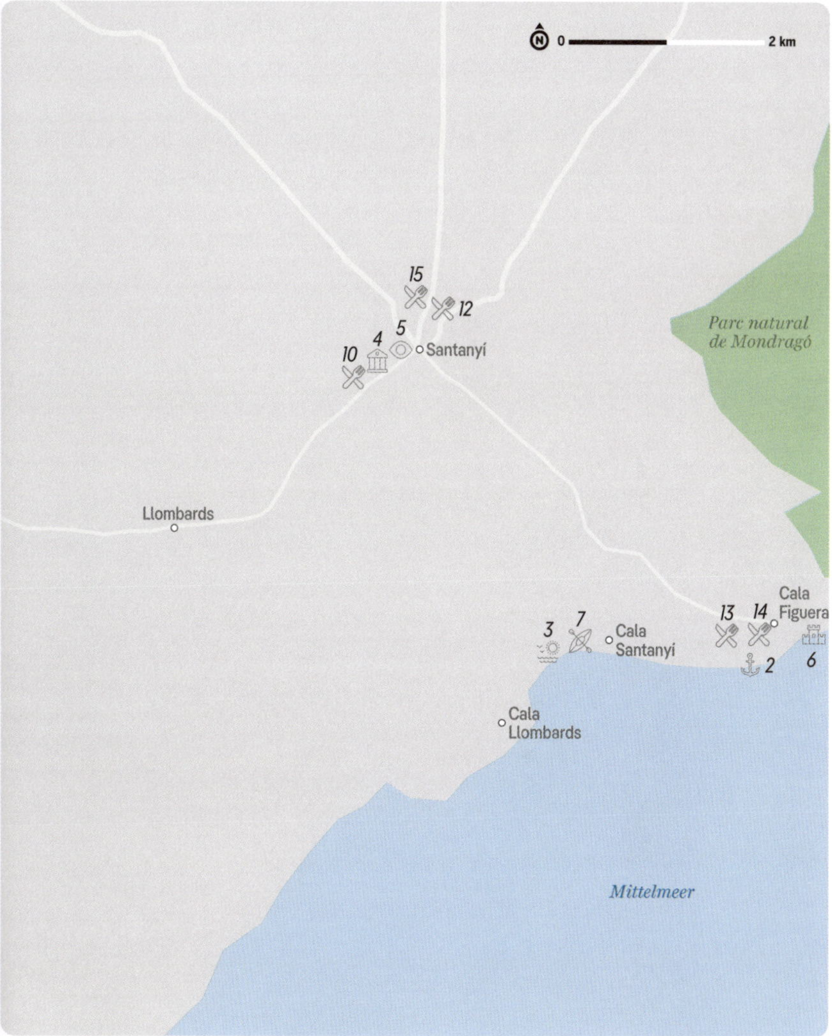

ESSEN
9 5Illes Strand-Restaurant
10 Anoa Santanyí
11 Cassai Beach House
12 Es Molí de Santanyí
13 La Petite Iglesia
siehe 5 Laudat
14 Restaurant Es Port
15 Retroway

UNTERHALTUNG
siehe 5 Sa Cova

CAPOCORB VELL

Man könnte meinen, dass der Süden Mallorcas vor allem für seine herrlichen Strände und Küsten bekannt ist, aber die Gegend ist auch reich an Geschichte. Wie wäre es mit dem Besuch der Talayot-Siedlung Capocorb Vell oder einiger bemerkenswerten Höhlen? Die Talayot-Periode begann auf Mallorca um 1200 v. Chr. Es entstanden über 200 Siedlungen auf ganz Mallorca. Typisch für sie sind die *talaiots* (Türme) in Großsteinbauweise, die heute noch an einigen Stellen zu sehen sind. Capocorb Vell ist eines der besten Beispiele auf der Insel und ein faszinierendes Ausflugsziel.

TOP TIPP

Erkunde die Küste und Strände mit dem Auto und einem Sinn für Neugier, Fantasie und Abenteuerlust.

Antike Vergangenheit & Naturwunder

HÖHLEN UND EINE STÄTTE DER TALAYOTISCHEN KULTUR

Es gibt mehrere talayotische Siedlungen auf Mallorca – etwa in Costitx (S. 123) und Montuïri (S. 123). **Capocorb Vell,** 12 km von **Llucmajor** entfernt, ist eine der größten und am besten erschlossenen Ausgrabungsstätten. Sie stammt aus der Zeit um 1200 v. Chr. und verfügt über fünf *talaiots* (Türme), die rund oder quadratisch sind. Diese Trockensteintürme waren bis zu zwei Stockwerke hoch; es ist nicht ganz klar, ob sie als Verteidigungsposten dienten. Zwischen den Türmen befinden sich die Mauerreste der Behausungen dieser Megalith-Kultur. Du kannst über das Gelände spazieren. Beachte, dass Capocorb Vell donnerstags geschlossen ist und die Eintrittskarten nur bar bezahlt werden können. Direkt neben der Stätte gibt es ein charmantes Café und einen Parkplatz.

Willst du noch weiter in die Vergangenheit eintauchen? Dann besuche einige faszinierende Höhlen in der Nähe, darunter die Felsenbrücke **Cova des Pont** und die **Cova des Pirata,** im Rahmen einer geführten Tour.

RESTAURANTS IN DER NÄHE

Port Petit Restaurant
Fine Dining in Cala d'Or mit Hafenblick. €€€

El Castillo del Bosque
Paella in einer stimmungsvollen Burg in der Nähe von Portocolom (saisonal, Di/Mi geschl.). €€

Rapa Nui Can Pelat
Gute Küche im ländlichen Cas Concos des Cavaller. €€

Son Terrassa
Ein Juwel in Cas Concos mit wunderschönem Blick auf den Sonnenuntergang von der Terrasse aus; mit ausgezeichnetem Essen und einer tollen Weinkarte. €€

Capocorb Vell

Cova des Pont

Cala Pi

STRÄNDE

Cala Pi
Schöner weißer Sandstrand und Buchten mit malerischen Bootshäusern und steilen Stufen nach unten.

Cala Beltràn
Felsiger kleiner Strand mit smaragdgrünem Wasser, perfekt zum Schnorcheln.

Racó de S'Arena
Unberührter Strand mit Felsenpools und einer ruhigeren Atmosphäre.

PARC NATURAL DE MONDRAGÓ

Ein echtes Juwel im Süden Mallorcas ist der Naturpark Mondragó – inklusive der benachbarten Fischerdörfer und Ferienorte. Mondragó besteht aus wunderschönen hufeisenförmigen Buchten entlang einer felsigen Küste mit Sandstränden und aquamarinblauem Wasser, umgeben von Pinienwäldern. Die Gegend eignet sich hervorragend für einen entspannten Strandtag oder für eine Wanderung im Frühjahr oder Herbst. Das nahe gelegene charmante Fischerdorf Portopetro ist perfekt für einen Mittagsstopp, aber ist auch als Ausgangspunkt für längere Aufenthalte in der Gegend geeignet. Das lebhaftere Cala d'Or ist ebenfalls eine Option. Sehenswert sind die Meereshöhlen von Calódes Màrmols, die ruhigen Gewässer der Cala Sa Nau oder der Steinbogen Cova des Pont.

TOP TIPP

Komm früh, um einen Parkplatz in der Nähe des Naturparks zu ergattern. An der Cala Mondragó gibt es ein Café, ein Restaurant und einen Laden, aber wenn du einen ruhigeren Strandtag verbringen möchtest, solltest du dem Küstenweg folgen, der zum Strand S'Amarador führt.

WANDERROUTEN IN MONDRAGÓ NATURPARK

Aussichtspunkt von Ses Fonts de n'Alis
Vom Parkplatz zum Strand von Ses Fonts, durch Kiefern- und wilde Olivenhaine und vorbei an einem Salzwasserteich.

Route Ses Gavotes
Rundweg durch den Wald entlang der Küste. Beginne am Strand von S'Amarador und genieße den Wald, die Küste und die Aussichtspunkte entlang des Weges.

Route Sa Guàrdia d'en Garrot
Rundweg von Caló d'en Garrot, am Strand Ses Fonts de n'Alis entlang, mit Aussichtspunkten und dem Caló des Borgit.

Versteckte Buchten & Häfen

NATURPARK UND FISCHERDÖRFER

Über 765 ha Grasland, Dünen, Kiefernwälder, Feucht- und Küstengebiete bilden den zauberhaften Naturpark Mondragó. Von Santanyí aus fährst du über schmale, von Steinmauern gesäumte Feldwege zum Parkplatz in der Nähe des Strandes. Der Park ist ganzjährig geöffnet, und hier lässt es sich auch wandern oder Rad fahren. Es gibt vier Routen, die alle eine große Vielfalt an Landschaften, Flora und Fauna abdecken. In der **Cala Mondragó** kannst du paddeln und schnorcheln oder einfach die Yachten beobachten, die in den Buchten rumfahren.

Das benachbarte **Portopetro** ist ein charmantes Fischerdorf mit einem Hafen, einer Marina und einem kleinen Strand. Die Bootshäuser mit ihren grünen Toren sind ein unwiderstehliches Fotomotiv. Boote bieten Ausflüge zu den Buchten in der Umgebung, einige sogar bis zum **Parc Nacional de L'Arxipèlag de Cabrera.** Im **El Baúl,** in der Gastrobar **Na Petra** oder im **Restaurant Norai** kannst du direkt am Wasser zu Mittag essen. Wenn du nach einem Ort suchst, an dem mehr los ist, dann ist der Ferienort **Cala d'Or** ganz in der Nähe eine gute Wahl – mit vielen Bars, Restaurants und Geschäften sowie einem Sonntagsmarkt, der lokale Handwerksprodukte anbietet.

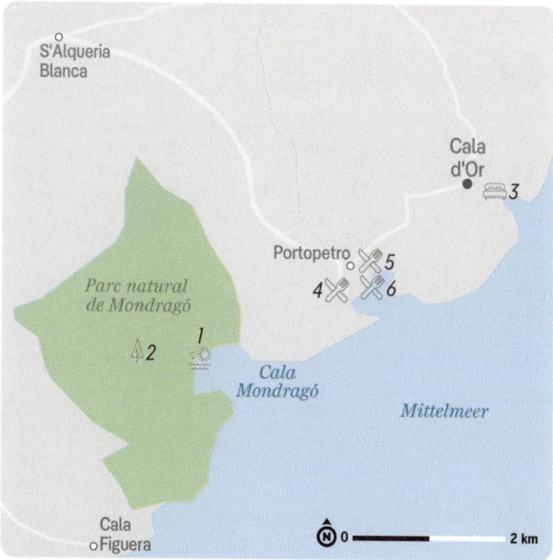

SEHENSWERTES
1 Cala Mondragó
2 Naturpark Mondragó

SCHLAFEN
3 Cala d'Or

ESSEN
4 El Baúl
5 Gastrobar Na Petra
6 Restaurant Norai

VULCANO/SHUTTERSTOCK ©

Cala S'Amarador im Parc natural de Mondragó

ÜBERNACHTEN

Iberostar Club Cala Barca
Großes Resort-Hotel mit fabelhaften Pools, einem Kinderbereich und einem Privatstrand. **€€**

Melia Cala d'Or Boutique Hotel
Ein Hauch von Karibik, mit Gärten, Pools und hellen Zimmern in Meeresnähe. **€€**

Playa Mondragó
Unprätentiöses Hotel direkt am Strand von Mondragó. Wähle ein Zimmer mit Meerblick. **€**

PARC NACIONAL DE L'ARXIPÈLAG DE CABRERA

Der Parc Nacional de L'Arxipèlag de Cabrera ist der größte Naturpark Spaniens und erstreckt sich über einen Archipel von 19 unbewohnten Inseln und über ein riesiges Meeresgebiet. Der Park wurde während der Napoleonischen Kriege als Internierungslager für französische Gefangene genutzt. Zur Illa de Cabrera, der größten und einzigen Insel, die zugänglich ist, geht's per Boot. Von Colònia de Sant Jordi aus, wo der Nationalpark auch ein Aquarium betreibt, starten täglich mehrere Bootstouren. Erkunde die Wanderwege der Insel, geh auf Vogelbeobachtung oder schnorchle in den Gewässern des Archipels, um die unglaubliche Unterwasserwelt zu entdecken. Im Sommer gibt es auf der Insel eine Übernachtungsmöglichkeit.

TOP TIPP

Trage festes Schuhwerk für Wanderungen. Wenn du eine Übernachtung gebucht hast, bedenke, dass deine Unterkunft nur zu Fuß über einen unwegsamen Pfad erreichbar ist. Sonnenschutz und Wasser sind für einen Besuch im Park unerlässlich. Denk an den Naturschutz.

BESTE STRÄNDE

Sa Plageta
Kleiner, steiniger Strand mit Mastixsträuchern und Olivenbäumen.

S'Espalmador
Schwer zugänglicher, 140 m langer Kiesstrand mit ruhigem, smaragdgrünem Wasser.

Cala Donzell
Ein 50 m langer Strand, der aus Sand und Felsen besteht. Ruhig, wenige Gäste.

Cala Santa María
Abgelegener Sand- und Kieselstrand.

Illa de Cabrera

PIRATEN, VÖGEL UND EINE BURG

Sobald du mit dem Boot auf der Illa de Cabrera angekommen bist, solltest du dich auf den Weg zum **Castell de Cabrera** machen. Diese Festung aus dem 14. Jh. auf der Hauptinsel des Parc Nacional de L'Arxipèlag de Cabrera liegt 72 m über dem Meeresspiegel und wurde ursprünglich zur Verteidigung vor Piratenangriffen gebaut. Es dauert etwa eine halbe Stunde, um vom Hafen bis zur Burg auf der Westseite der Insel zu laufen. Gen Süden führt ein kürzerer Weg vorbei an der **Kirche** und der **Schutzhütte** (wo man in einem ehemaligen Militärlager übernachten kannt; Reservierung ist nötig, da nur zwölf Plätze vorhanden) bis zum von Pinien gesäumten Strand **Sa Plageta.** Hier kann man wunderbar baden und picknicken. **S'Espalmador** ist ein weiterer schöner Inselstrand. Weiter geht es zum **Museum Es Celler,** das über die Inselgeschichte informiert (vorbei an einer Gedenkstätte für französischen Gefangene, die während der Napoleonischen Kriege auf Cabrera starben). Für längere Wanderungen – zum Beispiel zum Picamosques (dem höchsten Punkt der Insel mit 172 m) oder zum **Leuchtturm N'Ensiola** – sind eine Genehmigung und ein Guide erforderlich. Ornitholog:innen können Wanderfalken, Eleonorenfalken, Fischadler und Sturmtaucher beobachten. Die Insel ist ein Paradies für Wildtiere und die Heimat der Balearen-Eidechse. Einige Bootsausflüge halten an der **Cova Blava** (der Blauen Höhle) auf der Nordseite der Insel, die für ihr blaues Wasser bekannt ist.

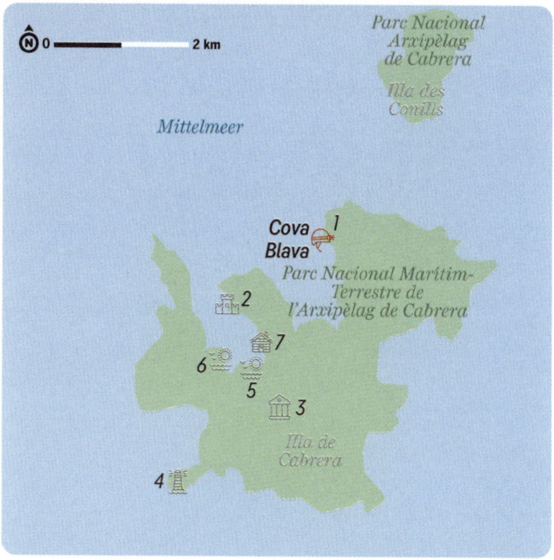

HIGHLIGHTS
1 Cova Blava

SEHENSWERTES
2 Castillo de Cabrera
3 Es Celler
4 N'Ensiola Leuchtturm
5 Sa Plageta
6 S'Espalmador

SCHLAFEN
7 Hostel im Nationalpark Cabrera

Illa de Cabrera

DIE HIGHLIGHTS DER ILLA DE CABRERA

Es Celler
Dieses ethnografische und naturkundliche Museum gibt einen Einblick in die reiche Geschichte der Insel.

Jardí Botànic
Botanischer Garten mit beeindruckender Vielfalt an Inselvegetation.

Cova Blava (Blaue Höhle)
Eine Meereshöhle mit unglaublich blauem Wasser.

PRAKTISCHES

Die wichtigsten Informationen für die perfekte Reise nach Mallorca im Überblick. Nützliche Tipps und Tricks zur Orientierung und Vorbereitung.

Ein Fischer repariert Netze in Palma (S. 42)

ZIXIA/SHUTTERSTOCK ©

Ankunft

Palma de Mallorca hat in den Sommermonaten einen der verkehrsreichsten Flughäfen in Europa. Er liegt 9 km vom Stadtzentrum entfernt. In den Terminals gibt es viele Geschäfte und Cafés. Alternativ ist die Anreise mit der Fähre möglich: Palma und Alcúdia werden regelmäßig angefahren – die wichtigsten Verbindungen bestehen von Barcelona, Dénia, Ibiza, Valencia, Mahon/Ciutadella (Menorca) und Toulon (Frankreich).

Einreise
EU-Bürger:innen benötigen kein Visum für die Einreise oder den Aufenthalt in Spanien. Einen Personalausweis (oder Reisepass) solltest du immer mitführen.

Roaming
Die Handynutzung kostet in einem anderen EU-Land genauso viel wie zu Hause. Für Anrufe, SMS und Datendienste entstehen also keine Zusatzkosten.

Post-COVID
Erkundige dich nach den aktuellen Richtlinien (z. B. Nachweis des Impfstatus).

WLAN
Kostenloses WLAN ist im Flughafen nach Anmeldung verfügbar. Auf der Insel ist WLAN, vor allem in Hotels, weit verbreitet.

Vom Flughafen in die Stadt

	Palma	Alcúdia	Sóller
TAXI	15 Min. 20–25 €	40 Min. 65–85 €	30 Min. 40–50 €

BUS: Nach Palma alle 30 Min. in der Hochsaison, 5 €, Kinder unter 5 J. frei

AUTO: Wechselt saisonal und nach Bedarf. Angebote ab 20 €– bis 130 € pro Tag. Rechtzeitig im Voraus buchen.

SHUTTLE: Einige Pauschalreiseanbieter stellen einen kostenlosen Shuttleservice zur Verfügung (bei der Buchung erkundigen).

ZEIT

Auf Mallorca gilt die mitteleuropäische Zeit (MEZ/UTC plus 1 Std.) und auch die Sommerzeit. D. h. die Zeiten entsprechen immer denen von Deutschland, Österreich und der Schweiz. Bedenke, dass auf der Insel manches nach „Inselzeit" läuft. Es ist also nicht ungewöhnlich, dass die Leute etwas später ankommen als angekündigt!

Unterwegs vor Ort

Die Verkehrsmittel sind preisgünstig. In der Hochsaison ist das Reisen mit Bus und Bahn recht einfach. Ansonsten ist ein Mietwagen die beste Option.

Automiete

Ein Mietwagen ist meist günstig und kann am Flughafen oder in den wichtigsten Ferienorten gemietet werden – am besten im Voraus, vor allem in der Hochsaison, wenn die Nachfrage auf der Insel am größten ist.

Straßenzustand

Die Straßen auf Mallorca sind meist in gutem Zustand und die Hauptrouten gut ausgeschildert. Auf dem Land oder in den Bergen musst du mit engen Ausweichmanövern, Schlaglöchern und fehlender Beschilderung rechnen.

ZUGFAHRTEN

Wenn du mit einem Zug ab Palma fährst, beachte, dass einige der neueren Züge die tiefer liegenden Bahnsteige nutzen. Achte auf Durchsagen, während du auf deinen Zug wartest. Eine ganz besondere Fahrt erwartet dich im nostalgischen Tren de Sóller von Palma nach Sóller. Er rattert durch Gebirgstunnel und die wunderschöne Landschaft der Tramuntana. Von dort geht es mit der altmodischen Tram weiter nach Port de Sóller – eine Reise in die Vergangenheit.

Scanne den QR-Code für aktuelle Fahrpläne und Routen

REISEKOSTEN

Automiete
ab 20 €/Tag

Benzin
etwa 1,725 €/Liter

E-Auto laden
5 €/15 Min.

Zugfahrt von Palma nach Sóller
ab 18 €

Bus & Zug

Bus- und Zugreisen sind preiswert. Du kannst Tickets für die Fahrt oder längere Zeiträume kaufen. Tickets gibt's an der Estació Intermodal in Palma. Die aktuellen Fahrpläne und Routen findest du unter tib.org. Beachte, dass in der Nebensaison die Verbindungen etwas eingeschränkt werden.

Fähre

Möchtest du eine andere Baleareninsel besuchen? Regelmäßige Fährverbindungen bringen dich nach Menorca (von Alcúdia im Norden) oder nach Ibiza (von Palma) – von dort ist es nur eine kurze Bootsfahrt nach Formentera. Ein kurzer Flug ist auch eine Option, aber weniger umweltfreundlich.

Parken

Das Parken ist in Palma eine Herausforderung. Am besten in einer Tiefgarage oder in den Außenbezirken parken. Andernorts suchst du am besten nach kostenpflichtigen Parkbuchten; die sind blau umrandet. In ländlicheren Gegenden solltest du nach unmarkierten Parkplätzen Ausschau halten.

TIPP

Palma ist eine fahrradfreundliche Stadt. Schnapp dir ein Leihrad und genieße die Radwege entlang der Strandpromenade.

UNBEDINGT BEACHTEN!

50

Die Tempolimits auf der Insel: 30 oder 50 km/h innerorts, 90 km/h auf Landstraßen und 120 km/h auf Autobahnen.

Einheimische blinken im Kreisverkehr nicht immer.

Geld

WÄHRUNG: **EURO (€)**

Kreditkarten & Geldautomaten

Die meisten Hotels und Restaurants akzeptieren Kreditkarten. Taxis, öffentliche Verkehrsmittel oder kleinere Touristenattraktionen, die etwas abgelegen sind, möglicherweise nicht. Daher ist es ratsam, Bargeld dabeizuhaben. Geldautomaten sind weit verbreitet und akzeptieren die meisten Karten. Beachte, dass manche Banken hohe Gebühren verlangen.

Digital bezahlen

In vielen Geschäften ist eine elektronische Zahlung möglich. Aber halte am besten eine Geldkarte oder Bargeld bereit, falls es doch zu technischen Schwierigkeiten kommen sollte.

Bargeld

Nützlich für kleine Besorgungen, Markteinkäufe oder Coffee-Shop-Stopps. Nimm nicht mehr Bargeld mit an den Strand, als du für Sonnenliegen, Eiscreme und Getränke brauchen könntest. Einige Busse, Taxis und gelegentlich auch kleinere familiengeführte Restaurants verlangen Bargeld, also erkundige dich vorher.

TRINKGELD

In Hotels sind ein paar Euro pro Gepäckstück üblich. Das Trinkgeld für das Reinigungspersonal liegt in deinem Ermessen. In Restaurants wird ein Trinkgeld von 10 % (15 %, wenn du großzügig bist) geschätzt, aber nicht erwartet – wenn der Service gut ist. In Taxis wird auf den nächsten Euro aufgerundet.

WIE VIEL KOSTET …

Eintritt in die Kathedrale La Seu & Terrassen-Tour
12 €

Bootstour durch die Bucht
13–100 €

Zug von Palma nach Sóller
18 €

SO … SPARST DU EIN WENIG

Wenn du einen Studentenausweis hast oder nachweisen kannst, dass du Rentner:in bist, gibt es ggf. Ermäßigungen für Verkehrsmittel und den Eintritt zu Museen oder anderen Attraktionen. Viele Museen verlangen keinen Eintritt. Und viele Sehenswürdigkeiten bieten unter der Woche einen „freien" Tag, meist den Sonntag. Erkundige dich im Voraus.

LOCAL TIPP

Es ist üblich, beim Besuch von Kirchen eine kleine Spende zu hinterlassen.

Übernachten

Rückzugsorte

Wander-Fans und alle, die auf der Suche nach etwas Besonderem sind, können in einer der Berghütten Mallorcas entlang der wichtigsten Wanderrouten übernachten. Oder in einem der alten Inselheiligtümer – manche Zimmer bestechen durch Kargheit, andere durch Komfort. Sie befinden sich oft an einzigartigen Plätzen inmitten hinreißender Natur.

Fincas

Viele von Mallorcas schönen alten Fincas oder Landgütern wurden renoviert und sind jetzt luxuriöse Unterkünfte in idyllischer Umgebung – schick oder rustikal oder beides. Einige sind heilsame Rückzugsorte mit Pool und Spa, andere eher naturnahe Bauernhöfe.

Ferienhäuser/Pensionen

Auf der gesamten Insel gibt es viele Häuser, die von Privatpersonen gemietet werden können (oft buchbar über Websites wie booking.com oder Airbnb). Dies ist in der Regel eine Option für Selbstversorger. Sie eignen sich gut für einen Familienaufenthalt (viele Unterkünfte haben einen Pool oder einen Garten) und vermitteln ein authentisches Gefühl vom Inselleben.

WIE VIEL KOSTET EINE NACHT ...

im Kloster
25 €

im Mittelklasse-Hotel
80–120 €

in der Pension
ab 40 €

Camping

Mallorca ist ein Wanderparadies. Zu COVID-Zeiten erlebte die Insel einen Anstieg der Urlaubenden mit Campingbus. Achtung: Wildes Campen ist auf Mallorca streng verboten (wegen der Waldbrandgefahr). Aber es gibt einige zauberhafte offizielle Plätze, wie das Campament Lluc am Monestir de Lluc in den Bergen oder das Campament La Victòria, das auf einer beeindruckenden Landzunge liegt.

Öko-Aufenthalte

Machst du dir Sorgen um deinen ökologischen Fußabdruck? Entscheide dich für einen Öko-Aufenthalt auf der Insel in einer Pension, einer Finca oder einem Hotel, das auf Verantwortung und ethischen Konsum setzt. Anbieter wie Ecocirer halten auch Workshops ab.

NACHHALTIG UNTERWEGS

Hotels sind auf Mallorca tonangebend, da der Tourismus für die Wirtschaft der Insel so wichtig ist. Aber das führt auch zu Spannungen mit der einheimischen Bevölkerung. Auf der einen Seite freuen sich alle über die Einnahmen und Touristen werden im Allgemeinen herzlich willkommen geheißen.

Auf der anderen Seite gibt es echte Bedenken hinsichtlich des Ressourcenverbrauchs. Vor allem der hohe Wasserverbrauch gibt Anlass zur Sorge in den Sommermonaten. Auch die Schädigung der Meere durch Kreuzfahrtschiffe oder Yachten ist ein Problem. Achtsamer Tourismus ist der richtige Weg.

Reisen mit Kindern

Mallorca bietet eine Reihe von Aktivitäten und Attraktionen für Kids: von Aquaparks über Burgen bis hin zu lustigen Strandtagen. Die Einheimischen sind sehr familienorientiert, Kinder sind willkommen. Einige wenige Unterkünfte sind ausschließlich für Erwachsene reserviert. Viele Hotels bieten Kinderclubs mit Betreuung und Action für alle Altersgruppen.

Sehenswertes

Oft gibt es Ermäßigungen für Kinder bei den Eintrittspreisen für Sehenswürdigkeiten, Attraktionen, Museen und Ausstellungen sowie bei den Unterkünften; die Altersstufen können jedoch variieren. Viele Orte bieten einen „freien" Tag an, aber auch hier solltest du dich vor deinem Besuch informieren, um Kosten zu sparen. Bedenke, dass an diesen Tagen meist mehr los ist.

Ausstattung

Reserviere ein Babybett *(una cuna)* oder ein Kinderbett *(una camita)* bei der Hotelbuchung – und frag evtl. nach einem Familienzimmer. Manchmal kostet ein Kinderbett oder ein Zustellbett extra. Dasselbe gilt für Autositze – buche im Voraus oder bringe den eigenen Sitz mit. Apotheken sind sonntags oft geschlossen. Die meisten Hotels können bei Bedarf ärztliche Hilfe rufen. Wickelmöglichkeiten in Restaurants sind begrenzt.

Unterwegs vor Ort

Wenn du ein Auto mietest, sind Kindersitze unverzichtbar. Sie können teuer sein (etwa 10 € pro Tag), daher ist es vielleicht besser, deinen eigenen mitzubringen. Die Beförderung in Bussen und Zügen ist für Kinder entweder kostenlos oder ermäßigt.

Essen gehen

Wenn du nach Kindermenüs suchst, ist es wahrscheinlicher, diese in größeren Hotels zu finden. In Restaurants gibt es das selten. Aber fragen kostet nichts. Nicht alle Restaurants verfügen über Hochstühle; erkundige dich bei der Buchung.

TIPPS

Aqualand (S. 65)
Wasserpark mit Rutschen und Attraktionen und einem Splash Park für die Kleinsten.

Coves del Drac (S. 141)
Die unterirdischen Höhlen von Porto Cristo entführen Kinder in eine magische Welt.

La Reserva (S. 58)
In diesem Ökopark könnt ihr in den Bergen wandern, in Wasserfällen schwimmen und Adler und Bären aus nächster Nähe beobachten.

Jungle Parc (S. 71)
Adrenalingeladene Outdoor-Aktivitäten und Ziplining.

Horse Riding
Es gibt viele Optionen auf der Insel; die Reitcamps zu Ostern in La Gubia (S. 86) bieten eine Reihe von Tagesaktivitäten an.

FESTIVAL-SPASS

Eines der schönsten Erlebnisse für Kids ist die Teilnahme an einem der vielen Inselfeste, die oft spezielle Aktivitäten (Musik, Kunst, Tanz) für Kinder beinhalten und eine gute Möglichkeit sind, das lokale Leben kennenzulernen. Der Carnaval ist besonders beliebt. In Palma gibt es neben dem großen Carnaval Sa Rua auch einen Karneval nur für Kinder: Sa Rueta. Die örtlichen Bibliotheken informieren meist über bevorstehende Events und Aktivitäten, sowohl online als auch durch Aushänge. Dies könnte eine gute Möglichkeit sein, von einer ungewöhnlichen Veranstaltung zu erfahren.

Sicher reisen

VERSICHERUNG

In der Post-COVID-Zeit ist eine Reiseschutzversicherung zwar nicht obligatorisch, aber dennoch empfehlenswert. Sie schützt etwa bei Flugannullierungen oder Reiserücktritt. EU-Reisende erhalten eine kostenlose medizinische Versorgung. Eine zusätzliche Auslandskrankenversicherung ist immer eine gute Option.

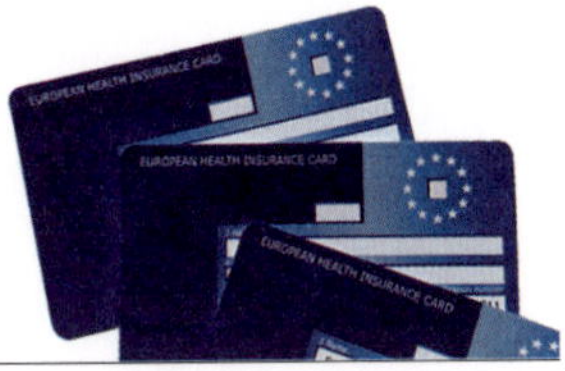

Hitzeschlag

Durch die Meeresbrise könnte man meinen, es sei kühler, als es auf der Insel tatsächlich ist. Vor allem Wandernde und Radfahrende setzen sich selbst an bewölkten Tagen der Gefahr eines Hitzeschlags aus. Deshalb: Kopfbedeckung tragen, Sonnenschutz benutzen und von der Mittagshitze fernhalten. Nimm immer viel Wasser mit, wenn du aktiv bist.

Bisse & Stiche

Mücken können in den wärmeren Monaten ein Problem sein. Wenn du wandern gehst, achte auf Zecken im Gras. Bedecke dich (vor allem in der Morgen- und Abenddämmerung) und benutze Anti-Mücken-Spray. Ein Moskitonetz kann nachts auf dem Land praktisch sein. Wespen können nerven, und manchmal gibt es eine Quallenschwemme; prüfe das vor dem Baden.

SCHWIMMEN

Jedes Jahr sterben Tourist:innen bei Badeunfällen. Sei vorsichtig, überprüfe die Bedingungen, schwimme nicht allein und behalte deine Kids im Auge.

SICHER SCHWIMMEN

Grüne Flagge
Gefahrlos baden und schwimmen möglich

Gelbe Flagge
Vorsicht walten lassen, in der Nähe von Rettungskräften bleiben

Orangefarbene Flagge
Rettungskräfte sind nicht im Dienst

Rote Flagge
Gefährlich, Schwimmverbot

Schwarze Flagge
Der Strand ist gesperrt; mögliches Gesundheitsrisiko

Naturkatastrophen

Obwohl es auf Mallorca meist sonnig ist, kann es zu Gewittern, Hagelstürmen und Überschwemmungen kommen. Wenn du in ein Unwetter gerätst, solltest du drinnen Schutz suchen. Im Sommer sind Waldbrände ein Problem. Sei in bewaldeten Gebieten wachsam und verantwortungsbewusst.

ALLEINREISENDE

Mallorca ist ein zumeist sicheres Reiseziel, wo die üblichen Vorsichtsmaßnahmen gelten. Bei unerwünschter Anmache reicht es in der Regel aus, sie zu ignorieren (egal ob Kommentare oder Blicke). Im Landesinneren und auf dem Dorf sind die Menschen eher konservativ gekleidet.

Essen, trinken & feiern

Wann?

Desayuno (7–9 Uhr) Das Frühstück ist leicht, besteht oft nur aus einem Kaffee und einem Gebäck.

Almuerzo (10–11.30 Uhr) Ein herzhafterer Snack, oft ein *bocadillo* (belegtes Sandwich)

Comida (13.30–15.30 Uhr) Mittagessen, in der Regel gemütlich

Merienda (17–19 Uhr) Meist etwas Süßes, wie ein Stück Kuchen mit einem Kaffee

Tapas (18.30–20 Uhr) Optional oder alternativ zur *cena;* kleine Portionen mit Getränken

Cena (21–23 Uhr) Abendessen; meist leichter als das Mittagessen

Wo?

Celler: Weinkeller-Restaurant mit traditioneller Hausmannskost im mallorquinischen Stil; lokale und unkomplizierte Küche

Café: Vom Morgenkaffee über leichte Snacks bis hin zu Tapas oder Drinks am Abend, viele mit Außenterrassen

Chiringuito: Strandhütte mit Snacks, Getränken, Eiscreme und ggf. Tapas

Confitería: Auch bekannt als *forn* (eher Bäckerei) oder *pastelería;* hier gibt's süße Leckereien und Gebäck

Marisquería: Fischrestaurant

Taberna/Tasca: Rustikale Taverne, die deftige Mahlzeiten oder Tapas serviert

KULINARISCHES

Die Speisekarten sind auf Katalanisch oder Spanisch.

TYPISCHE LOKALE GERICHTE

Arròs brut: „Schmutziger Reis"; Gericht mit Schweinefleisch, Gemüse und manchmal Kaninchen

Bottifarra: Wurstspezialität aus Schweinefleisch

Pa amb oli: Oft serviert, Brot mit Öl

Sobrassada: Streichfähige Rohwurst mit Salz und Paprika

Trempó: Sommersalat aus Paprika, Zwiebeln, Tomaten

Tortilla Española: Spanisches Omelett

Tumbet: Tomaten-Gemüse-Eintopf, meist mit Zucchini, Kartoffeln, Auberginen und Knoblauch

NÜTZLICHE WORTE

Carne de res: Rind

Cerdo: Schwein

Cerveza/caña: Kleines Bier

Jarra de vino: Weinglas

Pescado: Fisch

Pollo: Hühnchen

Postre: Nachtisch

Mariscos: Meeresfrüchte

Menu del dia: Günstige Mahlzeit zum Festpreis

Raciones: Kleine Portionen

Sin gluten: Glutenfrei

Vegetariano: Vegetarisch

Vino blanco/tinto: Weißwein/Rotwein

SO … BESTELLST DU EINEN KAFFEE

Bestelle einen Kaffee und beobachte das Treiben auf den Straßen und Plätzen. Willst du auf Spanisch bestellen? Für einen Espresso fragst du nach *café solo,* für einen *macchiato* (Kaffee-Milch-Verhältnis 1:1) nach *cortado* und für einen Milchkaffee nach *café con leche.* Wenn du Milch mit nur wenig Kaffee möchtest, frag nach *manchado.* Sag *descafeinado* für entkoffeinierten oder *con hielo* für Eiskaffee. *Carajillo* enthält einen Likör oder Brandy, und *bombón* ist mit Kondensmilch. Das Gleiche auf Mallorquinisch: *cafè amb llet* (Milchkaffee), *cafè exprés* (Espresso), *descafeïnat* (koffeinfrei), inklusive *si us plau* (bitte) und *moltes gràcies* (vielen Dank).

Trink deinen Kaffee mit einer *ensaïmada* (Schmalzgebäck) oder einem *gató mallorquí* (Mandelkuchen).

SO … GEHST DU RICHTIG AUS

Für manche fängt ein Abend schon früh an. In Palmas Stadtteil Santa Catalina zum Beispiel beginnt am Ende der Woche das *tardeo* (Drinks und Tapas am Nachmittag). In den Strandclubs wird die Musik aufgedreht und der Tag zur Nacht gemacht. Typischerweise treffen sich Freund:innen gegen 18.30 Uhr und ziehen durch ein paar Bars. Im Barrio Sa Gx in Palma gibt es eine eigene Tapas-Route mit 25 Bars, die La Ruta Martiana (die Marsroute) genannt wird.

Bei einem Sundowner in einem Beach Club, in einem *chiringuito* im Sand oder in einer Rooftop-Bar in der Stadt lässt sich der Sonnenuntergang perfekt genießen. In Palma unternehmen Familien und Paare einen *paseo* (Abendspaziergang) entlang des begrünten Passeig des Born oder der Rambla. In den Restaurants wird von 20.30 Uhr bis 23 Uhr das Abendessen serviert – die meisten Leute essen spät (auch Familien mit Kindern).

In den Bars ist ab 23 Uhr viel los, ab 1 Uhr wechseln die Leute meist in den Club. Je nach Veranstaltungsort solltest du dich auf die Gästeliste setzen lassen. Es gibt Bars, Clubs und eine abwechslungsreiche Live-Musikszene sowie Open-Air-Filmvorführungen, Performances oder Konzerte.

Schon gewusst?

Der Ursprung des Wortes Tapas ist unklar. Manche glauben, er kommt von *tapar*, was „ein Getränk mit Essen bedecken" bedeutet, und stammt aus der Zeit, als in Andalusien Brotscheiben zum Abdecken von Sherrygläsern zum Schutz vor Fliegen verwendet wurden.

WIE VIEL KOSTET …

ein Glas Wein
ab 2 €

ein Kaffee
1,50 €

ein Glas Bier
1,50–6 €

eine Kugel Eis
3 €

eine Ensaïmada
1 €

ein Mittag (Mittagsmenü)
ab 12 €

Dinner in einem Restaurant
etwa 45 € für zwei Personen

Dinner in einem Michelin-Star-Restaurant
ab 180 € für zwei Personen

WARUM ESSEN DIE LOCALS SO SPÄT?

Gäste der Insel wundern sich oft über die Essenszeiten der Einheimischen. Die Restaurants öffnen oft nicht vor 21 Uhr und gegessen wird manchmal erst gegen 23 Uhr. Warum so spät?

Der offensichtlichste Grund ist klimatischer Natur – da es im Sommer so warm ist, wollen Familien und Bekannte erst später am Tag zusammen essen, wenn die Hitze nachlässt.

Es gibt aber auch noch andere Gründe. Spanien lag früher auf demselben Längengrad wie das Vereinigte Königreich. Als Zeichen der Solidarität mit Deutschland während des Zweiten Weltkriegs änderte General Franco die Zeitzone zur MEZ – dadurch verschoben sich auch die Mahlzeiten nach hinten.

Wenn du dir die Mahlzeiten ansiehst, die Spanier:innen am Tag zu sich nehmen, wirst du feststellen, dass der Tag mit einem leichten Frühstück beginnt (Kaffee und Gebäck), dann folgt ein *almuerzo* (ein herzhafter Snack oder ein Sandwich), dann ein Mittagessen von 13.30 bis 15.30 Uhr (in einem Restaurant kann es ein Drei-Gänge-Menü sein) und dann eine *merienda* (Nachmittagssnack, etwas Süßes) zwischen 17 Uhr und 19 Uhr. Da ist klar, warum es das *cena* (Abendessen) erst um 21 Uhr oder später gibt.

Nachhaltig reisen

Reisen & Klimawandel

Es ist unmöglich, die Auswirkungen unseres Reisens zu ignorieren. Es ist deshalb wichtig, dort, wo es geht, etwas zu ändern. Lonely Planet fordert alle Reisenden dazu auf, sich mit ihrem CO_2-Fußabdruck auseinanderzusetzen. Die deutsche Internetseite www.atmosfair.de bietet einen CO_2-Rechner, mit dem jeder ermitteln kann, wie viele Treibhausgase die Reise produziert. Das Programm errechnet den zum Ausgleich erforderlichen Betrag, mit dem der Reisende nachhaltige Projekte zur Reduzierung der globalen Erwärmung unterstützen kann. Wir kompensieren weiterhin den CO_2-Fußabdruck aller Reisen von Lonely Planet-Mitarbeitenden, sind uns aber bewusst, dass dies eine Milderung und keine Lösung ist.

Kunst, Kunsthandwerk & Lebensmittel

Unterstütze lokale Handwerksbetriebe: Kauf auf Wochenmärkten ein. Dort findest du Stände u. a. mit Honig, Käse, Brot und Bioprodukten sowie Waren aus nachhaltigen Materialien.

Projekte zur Tierrettung

Mach einen Ausritt mit Natura Cavall, das hilfsbedürftige Pferde aufnimmt und wieder gesund pflegt. Sie bieten Reitausflüge in die Natur (in einen Naturpark oder am Meer entlang) an.

Naturlandschaften

Erfahre mit einem Wander- und Wildnis-Guide etwas über die Landschaften oder nimm an einer Tour durch ein Gut wie Son Moragues teil, wo dir Locals die Geschichte und die Landschaftspflege von heute erklären und du beispielsweise lokales Olivenöl probieren kannst.

Save the Med

Diese Organisation arbeitet vor Ort, um das Bewusstsein für Umweltthemen zu schärfen, insbesondere für den Meeresschutz. Ihr Ziel ist es, das Mittelmeer in die Lage zu versetzen, seine reiche Artenvielfalt wiederzuerlangen. Es gibt ein Programm zur Meereserziehung in Schulen und regelmäßige Strandsäuberungen. Trage deinen Teil dazu bei, indem du Strände, Berge und andere Insellandschaften während deines Besuchs sauber hältst.

Öko-Aufenthalte

Öko-Unterkünfte wie Ecocirer in Sóller bieten umweltorientierte Workshops, ein nachhaltiges Konzept sowie pflanzliche Küche. Du kannst auch auf einer Finca mit Bauernhof nächtigen und das Landleben aus erster Hand kennenlernen.

Speise in einem der Farm-to-table-Restaurants der Insel. Béns D'Avall oder Andana zeigen beispielhaft, wie lokale Produkte angebaut und verwendet werden können.

Lass das Auto stehen und geh in den Bergen oder entlang der Küstenrouten Mallorcas wandern.

OBEN LINKS: NPETER/SHUTTERSTOCK ©, UNTEN LINKS: BEARFOTOS/SHUTTERSTOCK ©, RECHTS: JULIE208/SHUTTERSTOCK ©

Maßnahmen der Regierung

Die mallorquinische Regierung hat mehrere Schritte unternommen, um die Insel zu einem Öko-Tourismusziel zu entwickeln, und arbeitet zunehmend daran, die Insel zu schützen. Die 2017 eingeführte Ökosteuer (alle Besucher:innen zahlen täglich eine kleine „Steuer", einen Aufschlag pro Nacht) wird in Umweltschutzprojekte auf der Insel investiert, z. B. in die Instandhaltung von Wanderwegen, den Bau neuer Radwege und die Restaurierung von Kulturdenkmälern. Längerfristig ist geplant, in ganz Palma ein Netz von *zonas verdes* (grünen Zonen) einzurichten, um Überschwemmungen und Umweltschäden zu verringern, die Artenvielfalt zu erhöhen und eine gesündere Umwelt für Gäste und Locals zu schaffen sowie in Solarenergie zu investieren und den bewussten Umgang mit Wasserressourcen zu stärken.

Nimm an einem Strand-Säuberungstag teil, den lokale Umweltorganisationen durchführen.

Hinterlasse den Strand nach deinem Besuch sauber. Sei gewissenhaft und nimm deinen gesamten Müll mit.

Bäume

Check den Ticker an der Plaça d'Espanya oder scanne diesen Code, um zu sehen, wie viele der 10.000 geplanten Bäume bisher in Palma gepflanzt wurden.

Verbot von Einwegplastik

Im Jahr 2021 hat Mallorca Einwegplastik verboten. Das gilt jedoch noch nicht für Plastikflaschen – hier greifen lokale Organisationen wie cleanwave.org ein, die auf der ganzen Insel kostenlose Nachfüllstationen für Trinkwasser eingerichtet haben, um den Verbrauch von Plastikflaschen und den damit verbundenen Abfall zu reduzieren. Du kannst sie unterstützen.

WEITERE INFOS

mallorcapreservation.org Legt den Focus auf Umweltschutzprojekte.

marilles.org Unterstützt Meeresschutzprojekte.

Kauf frische Bioprodukte und Produkte lokaler Erzeuger:innen in einem der Ökomärkte oder den Agromart-Supermärkten auf der Insel, etwa Wein, Öl, Marmeladen, Mandeln und Oliven.

LGBTQIA+

Homosexualität ist in Spanien, einem traditionell eher konservativen Land, legal. Die gleichgeschlechtliche Ehe ließ José Luis Rodríguez Zapatero, der damalige sozialistische Präsident Spaniens, 2005 legalisieren. Auf Mallorca ist Palma das Herzstück der queeren Szene.

Palma Pride Week & Festivals

Während der Palma Pride Week finden im Juni eine Woche lang Konzerte, Meisterkurse, Performances, Vorträge, DJs-Sessions, Workshops, Theateraufführungen und andere Events statt. Der Höhepunkt ist der Pride Day am 28. Juni. Die Organisation Ben Amics veranstaltet ein Straßenfest und eine Demo. Außerdem findet das Out! Filmfestival mit einem vielfältigen Programm über mehrere Tage statt. Für weitere Infos siehe palma.cat.

ELLA INTERNATIONAL LESBIAN FESTIVAL

Das Ella International Lesbian Festival (ellafestival.com) bietet ein Programm mit Veranstaltungen, Vorträgen, Ausflügen, Abendessen und Partys. Am Strand stehen Volleyball, Yoga, Paddelsurfen und mehr auf dem Programm.

BEN AMICS

Die Dachorganisation der Insel für Mitglieder der LGBTQIA+-Community. Der Verein gibt Auskünfte unter benamics.com. Das Büro befindet sich in Palma in der Carrer Guillem Galmes 2 und ist normalerweise von 9 bis 15 Uhr geöffnet.

Gay-Freundliche Bars

Vor allem Palma ist einladend und *proud.* Einige gay-freundliche Locations:

The2 Palma: Sympathische Bar mit DJs, Cocktails, Drag Show (@the2palma)

La Dama de Ella: Tapas-Café mit Bar, die bis spät geöffnet ist (@ladamadeella)

Bar Michel: Tapas, Musik, freundliche Atmosphäre in El Terreno (@bar_michel)

AKTUELLE EVENTS

Die aktuellen Veranstaltungen findest du unter Gay Mallorca (gay-mallorca.blogspot.com).

Mallorca Gay Map

Unter mallorcagaymap.com findest du einen Guide für gay-freundliche Attraktionen (etwa Restaurants, Clubs, Bars und Hotels). Die Mallorca Gay Map ist auch in gedruckter Form im Tourismusbüro in Palma erhältlich.

Barrierefrei reisen

Mallorca ist nur zum Teil barrierefrei, aber es wird daran gearbeitet, Veranstaltungsorte und Attraktionen besser zugänglich zu machen.

Unterwegs vor Ort

Zahlreiche Inselorte haben steile, gepflasterte Straßen, was die Barrierefreiheit erschwert. Während die wichtigsten Gehwege und Kreuzungen barrierearm gestaltet wurden, können andere Bereiche schwieriger zu erreichen sein, etwa Bahnhöfe aufgrund von Barrieren an den Ein- und Ausgängen.

Scanne den QR-Code für eine Liste von barrierefreien Zimmern.

Flughafen

Am Flughafen gibt es einen Service für Passagiere mit eingeschränkter Mobilität. Er ist rund um die Uhr verfügbar, muss aber 48 Stunden im Voraus gebucht werden. Der Flughafenbetreiber AENA hat auch eine Serviceline für Menschen mit Hör- und/ oder Sprachbehinderungen eingerichtet.

Unterkünfte

Größere Hotels verfügen über barrierefreie Zimmer. Auf der Website accessibletravelspain.com findest du eine hilfreiche Auflistung inkl. Ausstattung und auch verschiedene Preiskategorien.

WEITERE INFOS

Accessible Spain Travel hilft bei der Organisation von barrierefreien Reisen, einschließlich barrierefreier Unterkünfte und privater Touren.

Handiscover hat einen Guide für barrierefreies Reisen.

TAXIS

Du kannst ein Inklusions-Taxi bestellen. Erkundige dich im Voraus bei deinem Hotel.

Barrierefrei Bus fahren

Die TIB-Busse in Palma besitzen einen eigenen Rollstuhlplatz und eine extra Haltestellentaste. Andere Busse auf der Insel bieten eventuell nicht das gleiche Maß an Barrierefreiheit.

Für eine Liste mit barrierefreien Stränden scannen.

BARRIEREFREIE STRÄNDE

Eine Liste der barrierefreien Strände auf der Insel findest du unter disabledaccessibletravel.com. Sie führt Strände wie Alcúdia, Magaluf, Palmanova, San Telmo und Cala Millor auf, die gut zugänglich sind – mit reservierten Parkplätzen, gepflasterten Zugängen, Hilfspersonal und Amphibienstühlen. Außerdem gibt es barrierefreie Toiletten.

KARTEN IN BLINDENSCHRIFT

In Alcúdia gibt es Karten in Blindenschrift, die im Tourismusbüro erhältlich sind.

Nüsse und Trockenfrüchte auf dem Markt von Sineu (S. 127)

SO ... KLAPPT DER MARKTBESUCH

Trotz der vielen großen Supermärkte in den Randgebieten der Hauptorte ist der Wochenmarkt ein wichtiger Bestandteil des mallorquinischen Lebens. Er bietet die Gelegenheit, lokale Erzeuger:innen (für Käse, Honig, Oliven, Brot ...) zu treffen und mit ihnen ins Gespräch zu kommen. So erhältst du einen Einblick in die Traditionen der Insel und kannst Produkte probieren.

Check die Markttage

Jede Stadt hat einen festen Markttag, erkundige dich im Voraus. In Sóller findet etwa jeden Samstagmorgen ein großer Markt statt, der sich vom Bahnhof bis zum Hauptplatz und darüber hinaus erstreckt. Hier gibt es eine Mischung aus Lebensmitteln, Kleidung, Trödel, Blumen, Lederwaren und lokalem Handwerk. In Santa María del Camí gibt es sonntags einen beliebten Markt und in Pollença jeden Sonntag einen der größten der Insel.

Flohmarkt-Funde

Für einen unterhaltsamen Sonntagvormittag kannst du den Flohmarkt in Consell besuchen, auf dem Secondhandkleidung, Möbel, Antiquitäten, Schmuck und lokale Waren angeboten werden.

Lokale Aromen

Sowohl in Sineu (mittwochs) als auch in Inca (donnerstags) finden Märkte mit einer großen Auswahl statt. Den Markt in Sineu gibt es schon seit über 700 Jahren, und er vermittelt einen authentischen Eindruck vom Inselleben (8.30–13.30 Uhr). Die größte Action findet auf dem Hauptplatz in der Nähe der Kirche und an der Plaça des Fossar statt. Der Markt von Inca konzentriert sich auf Produkte wie Textilien, Lederwaren, Schuhe und Keramik und wird eher von Locals besucht.

Achtung, Langfinger!

Ein Markttag macht zwar viel Spaß, aber du solltest immer auf dein Hab und Gut aufpassen.

Nachtmärkte

In den Sommermonaten veranstalten mehrere Städte und Urlaubsorte Nachtmärkte. Besuche den Hafen von Alcúdia (Mi–Sa 18–22 Uhr), Playa del Muro (tgl. 19–23 Uhr) oder Santa Ponça (19–24 Uhr). In Cala d'Or im Osten gibt es sonntags einen Nachtmarkt.

Bring Bargeld

Nicht alle Markthändler:innen akzeptieren Geldkarten. Vergiss deshalb nicht, Bargeld einzupacken.

MADE IN MALLORCA

Entdecke Produkte, die auf Mallorca hergestellt werden. Am Samstag etwa die von Mallorca Natur (jabondemallorca.com) auf dem Markt von Sóller. Dort findest du natürliche und handgemachte Kosmetik (Parfüms, Seifen, Lippenbalsam usw.), auf Basis von nativem Oliven- oder Mandelöl und biologischen ätherischen Ölen. Besitzer und Seifenhersteller Joachim Pourqué berät dich gern. Das ist auch eine gute Gelegenheit, ein paar der berühmten Orangen aus Sóller zu erwerben.

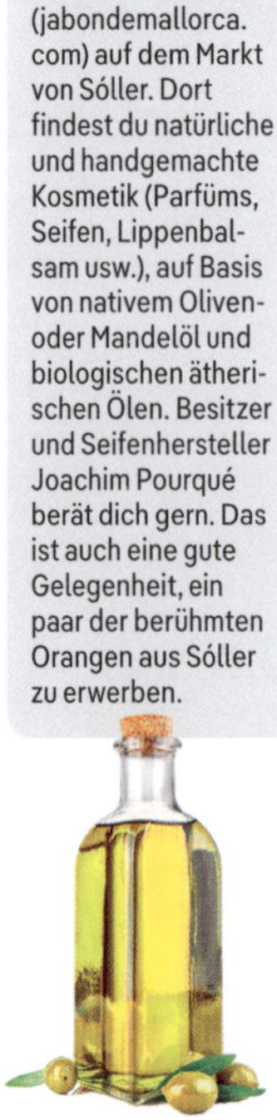

Kurz & knapp

ÖFFNUNGSZEITEN

Die Öffnungszeiten variieren das ganze Jahr über. In der Neben- und Zwischensaison gelten kürzere Zeiten. In manchen Gegenden schließen viele Geschäfte im Winter.

Banken Mo–Fr 8.30–14 Uhr, einige öffnen Sa 9–13 Uhr

Bars 19–3 Uhr

Cafés 9–19 Uhr

Clubs Do–Sa 24–6 Uhr

Postämter Mo–Fr 8.30–21.30, Sa 8.30–14 Uhr

Restaurants 13–15.30 und 19.30–23 Uhr

Shopping Malls 10–22 Uhr

Shops Mo–Fr 10–14 und 16.30–19.30 oder 17–20, Sa 10–13 Uhr

Supermärkte Mo–Sa 10–21 Uhr (größere Supermärkte)

GUT ZU WISSEN

Zeitzone
MEZ/UTC +1; Sommerzeit: März bis Oktober

Ländercode
+34

Notrufnummer
112

Einwohnerzahl
924.000

FEIERTAGE

Neujahrstag
1. Januar

Dreikönigstag
6. Januar

San Sebastián
20. Januar (lokaler Feiertag in Palma)

Tag der Balearen
1. März

Gründonnerstag
März/April

Karfreitag
März/April

Ostermontag
März/April

San Juan
24. Juni (lokaler Feiertag in Palma)

Asunción de la Virgen
15. August

Fiesta Nacional
12. Oktober

Allerheiligen
1. November

Dia de la Constitución
6. Dezember

Inmaculada Concepción
8. Dezember

Weihnachtstag
25. Dezember

Maße & Gewichte
Spanien verwendet das metrische System.

Trinkwasser
Das Leitungswasser hat eine unterschiedliche Qualität und ist nicht immer unbedingt geeignet. Füll deine Wasserflasche an den kostenlosen Wasserstationen auf.

Strom 220V/50Hz

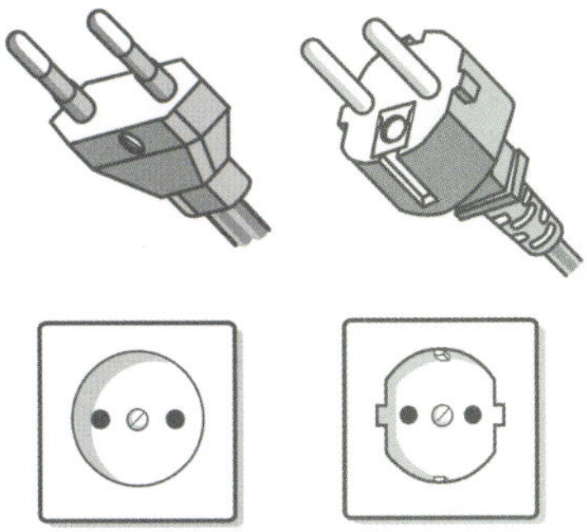

Typ C
220V/50Hz

Typ F
230V/50Hz

Rauchen
Viele Mallorquinier:innen rauchen, aber meist draußen auf der Terrasse oder ein paar Schritte von ihr entfernt.

Sprache

Mallorca ist eine zweisprachige Insel, auf der sowohl Spanisch als auch Katalanisch *(català)* oder der lokale Dialekt Mallorquinisch gesprochen wird. Spanisch ist die Umgangssprache mit allen Nicht-Locals.

Nützliches

Hallo. Hola. *o·la*
Auf Wiedersehen. Adiós. *a·dios*
Ja. Sí.
Nein. No.
Bitte. Por favor. *por fa·vor*
Danke. Gracias. *gra·sias*
Wie geht's? ¿Qué tal? *ke tal*
Gut, danke. Bien, gracias. *bien gra·sias*
Entschuldigung. Perdón. *per·don*
Tut mir leid. Lo siento. *lo sien·to*
Wie heißen Sie? ¿Cómo se llama Usted? *ko·mo se ja·ma u·sted*
Mein Name ist ... Me llamo ... *me ja·mo ...*
Sprechen Sie Deutsch? ¿Habla aleman? *a·bla allemann*
Ich verstehe nicht. Yo no entiendo. *jo no en·tjen·do*

Unterwegs

Wo ist ...?
¿Dónde está ...? *don·de es·ta ...*
Wie lautet die Adresse?
¿Cuál es la dirección? *kwal es la di·rek·sjon*
Könnten Sie es aufschreiben?
¿Puede escribirlo, por favor? *pue·de es·kri·bir·lo por fa·vor*
Können Sie es mir zeigen?
¿Me lo puede indicar? *me lo pue·de in·di·kar*

Schilder

Abierto Offen
Cerrado Geschlossen
Entrada Eingang
Hombres Herren
Mujeres Damen
Prohibido Verboten
Salida Ausgang
Servicios/Aseos Toiletten

Uhrzeit

Wie spät es? ¿Qué hora es? *kä o·ra es*
Es ist (10) Uhr. Son (las diez). *son (las dies)*
Es ist (halb) eins. Es la una (y media). *es la uh·na (i me·dia)*
Morgen mañana. *ma·nja·na*
Nachmittag tarde. *tar·dä*
Abend noche. *no·tschä*
Gestern ayer. *a·jer*
heute hoy. *oj*
morgen mañana. *ma·nja·na*

Im Notfall

Hilfe! ¡Socorro! *so·ko·ro*
Verschwinde! ¡Vete! *veh·tä*
Ich bin krank. Estoy enfermo/a. *es·toj en·fär·mo/a* (m/w)
Rufen Sie ...! ¡Llame ...! *ja·mä*
- **einen Arzt** a un médico. *a un mä·di·ko*
- **die Polizei** a la policía. *a la po·li·si·a*

Essen & trinken

Was würden Sie empfehlen?
¿Qué recomienda? *ke re·ko·mjen·da*
Prost! ¡Salud! *sa·lut*
Das war sehr lecker.
¡Estaba buenísimo! *es·ta·ba bue·ni·si·mo*

ZAHLEN

1 **uno** *u·no*
2 **dos** *dos*
3 **tres** *träs*
4 **cuatro** *kwa·tro*
5 **cinco** *sin·ko*
6 **seis** *säjs*
7 **siete** *siä·tä*
8 **ocho** *o·tscho*
9 **nueve** *nuä·wä*
10 **diez** *di·äs*

AUSSPRACHE

Das „r" ist wird gerollt. Im Mallorquinischen klingt „x" wie *sch* (Felanitx) und „ig" am Wortende wie *tsch* (Puig).

Achtung!

Einige spanische Wörter sehen aus wie deutsche Wörter, haben aber eine ganz andere Bedeutung: *alto* heißt hoch, *arte* – Kunst, *camino* – Weg, *regalo* – Geschenk, *vaso* – Glas und *gimnasio* – Fitnessstudio.

Grammatik

Im Spanischen wird wie im Deutschen zwischen Du (tú) und Sie (Usted) unterschieden (formelle und informelle Ansprache). Verben werden konjugiert.

Mallorquinische Basics

Mallorquí wird von den Inselbewohner:innen gesprochen, die stolz auf ihre balearischen Wurzeln sind. Wenn du auf Mallorquí grüßt und dich bedankst (vor allem abseits der Touristenzentren), wirst du mit einem herzlichen Lächeln belohnt.

Guten Tag Bon dia *(Bon di-a)* oder hola *(ola)* hallo

Guten Nachmittag Bona tarda *(bo-a tard)* Wird ab 15 Uhr benutzt.

Wie geht's? Uep, com anam? Uep *(u-ep)* ist ein sehr gebräuchliches Wort, ein Füllwort, das ‚nun' oder ‚oh' oder ‚hi' bedeutet. Com anam bedeutet ‚Wie geht's?' Die typische Antwort ist: Bé, tot bé (Gut, alles gut).

Bitte Si us plau

Danke Gràcis

Ja Sí

Nein No

Nicht der Rede wert De res

Auf Wiedersehen Adèu *(adä-uh)*/Fins un altra! Das bedeutet ‚bis bald' bzw. ‚bis zum nächsten Mal'.

WO WIRD SPANISCH GESPROCHEN?

Spanisch oder Kastilisch *(castellano)* ist in erster Linie die Sprache von Kastilien (dem größten Gebiet Spaniens). Durch die Kolonialisierung verbreitete sich die Sprache jedoch in ganz Mittel- und Südamerika. Es ist neben Spanien offizielle Sprache in Argentinien, Bolivien, Chile, Kolumbien, Costa Rica, Kuba, der Dominikanischen Republik, Ecuador, El Salvador, Guatemala, Honduras, Mexiko, Nicaragua, Panama, Paraguay, Peru, Puerto Rico, Uruguay und Venezuela.

MALLORCA

STORYBOOK

Mit drei Reportagen tief in den mallorquinischen Alltag eintauchen.

Die Geschichte von Mallorca in 15 Orten

Die Geschichte Mallorcas lässt sich anhand seiner symbolträchtigen Orte, seiner Sprache, seiner langjährigen Traditionen, seiner Architektur und seiner Landschaft nachvollziehen.

S. 178

Slow Tourism – nachhaltig reisen

Die klimatischen Herausforderungen, die enormen Touristenzahlen und die begrenzten Ressourcen haben eine Debatte darüber ausgelöst, wie diese Situation entschärft werden kann.

S. 182

Die kreative Insel

Mallorca hat eine fantastische Literatur- und Kunstszene mit Filmfestivals, Theater, Oper und einer breiten Palette an Livemusik.

S. 185

Die Tram ist unterwegs zwischen Sóller und Port de Sóller (S. 78)

DIE GESCHICHTE MALLORCAS IN 15 ORTEN

Im Herzen des Mittelmeers gelegen war Mallorca im Laufe der Jahrhunderte von Invasoren und Piraten umkämpft. Die Geschichte der Insel lässt sich an ihren symbolträchtigen Orten, ihrer Sprache, ihren langjährigen Traditionen, ihrer Architektur und ihrer natürlichen Umgebung ablesen.

AN DER SCHNITTSTELLE zwischen Ost und West im Mittelmeer gelegen, ist Mallorca seit Langem ein wichtiger Knotenpunkt. Ausgehend von ihren prähistorischen Wurzeln und der Talayot-Kultur der Bronzezeit gelangte die Insel in karthagische, phönizische, griechische, römische, vandalische und byzantinische Hände. Danach erlebte Mallorca eine lange und meist friedliche Zeit unter maurischer Herrschaft – vor der Ankunft der christlichen Eroberer aus Aragón im 13. Jh. Überreste dieser reichen Geschichte, geprägt von (nahezu) permanenten Überfällen durch Piraten und Sarazenen, sind überall auf der Insel zu finden.

In den letzten Jahrhunderten manifestierten sich die geografische Nähe Mallorcas zu Südeuropa und der Handel, insbesondere mit Frankreich, in der Sprache und in der Malerei, der modernistischen Architektur und in der Literatur des Inselwestens.

Trotz der erstaunlich hohen Touristenzahlen (> 10 Mio. pro Jahr) haben sich die Traditionen auf Mallorca bewahrt. Abgesehen von den Ferienorten, die Teile der Küste dominieren, ist die Insel in großem Maße ein Naturparadies geblieben – mit einer starken lokalen Identität und reichen Traditionen.

1. Ses Païsses, Artà

DIE TALAYOT-KULTUR

In Ses Païsses, in der Nähe von Artà, kannst du in die Vorgeschichte eintauchen. Diese talayotische Siedlung aus der Bronzezeit wurde nach den megalithischen Talayots benannt: riesigen dickwandigen Steintürmen aus der Zeit zwischen 1300 und 900 v. Chr. Der runde Turm von Ses Païsses an einem Hang ist 12 m breit und 4 m hoch. Er besitzt mehrere angrenzende Kammern. Bei Ausgrabungen im Jahr 1960 wurden Keramik, Grab- und Eisenwerkzeuge, Knochenfragmente und Holzkohle gefunden.

Weitere talayotische Stätten, die auf der Insel besucht werden können, sind Capocorb Vell im Süden, Necropolis de Son Real nahe Ca'n Picafort und mehrere um Costitx.

Mehr Infos zu Ses Païsses S. 135.

2. Pol·lèntia

ROMANISCHE ÄRA

Als die Römer 123 v. Chr. kamen, schützten sie ihre Schiffe mit schweren Fellen und Leder gegen die Steinschleudern der balearischen Krieger. Der römische Konsul Quintus Caecilius Metellus brachte 3000 Siedler aus Iberien mit und ließ Palmeria (das heutige Palma) bauten. Auch Pol·lèntia, eine wichtige Stadt im Nordosten der Insel, entstand. Sie avancierte zur römischen Hauptstadt der Balearen. Bei einem Rundgang über die gut markierte Ausgrabungsstätte lassen sich die großen Tempel, der Marktplatz, die *tabernae* (Geschäfte) und die Adelshäuser der Stadt erahnen. Auf den Steinsitzen des Teatro Romano (Amphitheater) lässt sich die Sonne genießen. Die Inselbewohner passten sich an das Leben unter römischer Herrschaft an. Aber 426 wurde Mallorca erneut angegriffen, dieses Mal von den Vandalen und später, im Jahr 534, von den Byzantinern.

Mehr Infos zu Pol·lèntia S. 107.

3. Was steckt im Namen?

DIE MAURISCHE ZEIT

Die relativ kurze Zeit der byzantinischen Herrschaft über die Insel ging mit der Ankunft der Mauren zu Ende. Es gibt viele faszinierende Überreste der maurischen Ära auf Mallorca, darunter die Banys Àrabs (Arabische Bäder) in Palmas Altstadt und die Wassergärten von Alfàbia in Bunyola. Palmas Palau de l'Almudaina war einst der *alqasr* (Palast). Das Erbe zeigt sich auch in den ausgeklügelten Bewässerungsanlagen mit unterirdischen Reservoirs, terrassenförmig angelegten Hängen und jahrhundertealten Olivenbäumen (Überbleibsel der maurischen Landwirtschaft).

Auch die Sprache und die Ortsnamen erinnern an Mallorcas Vergangenheit als „östliche Insel von al-Andalus“: Dorfnamen wie Binibasi, Biniatzar und Binissalem, solche die auf x enden, wie die der Bergdörfer Fornalutx, Biniaraix und Teix und Ortsnamen, die mit Al- beginnen, wie Almundiana oder Alfàbia.

Mehr Infos zu den Banys Àrabs S. 48, zu den Jardins d'Alfàbia S. 82 und zum Palau de l'Almudaina S. 48.

4. Carrer de Monti-Sión

DAS JÜDISCHE VIERTEL

In der Carrer de Monti-Sión in Sa Calatrava lebten einst mehrere tausend Personen jüdischen Glaubens. Die frühesten Aufzeichnungen über die ersten jüdischen Einwohner auf der Insel stammen aus dem Jahr 70 n. Chr. Unter der muslimischen Herrschaft in der Medina Mayurka bekleideten sie zahlreiche bedeutende Positionen und waren u. a. als polyglotte Ärzte und Händler bekannt, die Katalanisch, Spanisch, Hebräisch, Arabisch und Latein beherrschten. Unter der christlichen Herrschaft nach der Eroberung 1229 wurde die jüdische Bevölkerung jedoch schikaniert und nachts in ein Ghetto in der Carrer de Monti-Sión gesperrt.

Im 14. Jh. wurden Synagogen in Kirchen umgewandelt, etwa die Monti-Sión-Synagoge in die Esglesia del Monti-Sión, und viele Personen jüdischen Glaubens gezwungen zu konvertieren. Heute ist von der ursprünglichen Synagoge nur noch wenig übrig, abgesehen von den Grundsteinen, zwischen denen kleine Zettel mit Wünschen/Bitten stecken. Das Centre Maimó ben Faraig in Palma informiert über die jüdische Geschichte auf Mallorca.

Mehr Infos zur Església del Monti-Sión S. 52.

5. Ramon Llulls Puig de Randa

KATALANISCH ALS LITERATURSPRACHE

Ramon Llull (1232–1316), geboren in Palma, war Theologe, Philosoph, Schriftsteller und einer der wichtigsten Begründer des Katalanischen als Literatursprache. Als Sohn eines Ritters verbrachte er seine Jugend am Hofe, bevor er 1267 fünf Christusvisionen hatte. Daraufhin suchte er als Einsiedler auf dem Puig de Randa nach meditativer Ruhe, wodurch sich sein Leben völlig veränderte. Er ließ sich in Hebräisch und Arabisch

MATT ELLIOTT/SHUTTERSTOCK ©

Jahrhundertealter Olivenbaum

unterrichten, trieb theologische Studien, gründete eine Missionsschule, um östliche Sprachen und Theologie zu lehren, und zog auf Pilger- und Bildungsreisen durch Europa, Nordafrika und den Nahen Osten. Seine Schriften verfasste er auf Katalanisch und Arabisch.

Originalmanuskripte von Llull finden sich in der Aula de Gramática im Santuari de Nostra Senyora de Cura.

Mehr Infos zum Santuari de Nostra Senyora de Cura S. 125.

6. Monestir de Lluc

DAS SPIRITUELLE HERZ DER INSEL

Eine Legende besagt, dass ein Junge namens Lluc im Jahr 1229 eine Marienstatue in der Serra de Tramuntana fand und sie in eine Kirche brachte, wo der Priester ihr einen Ehrenplatz gab. Am nächsten Tag wurde die Statue wieder in den Bergen gefunden, was als Wunder gewertet wurde. Am Fundort steht heute das Monestir de Lluc, Mallorcas wichtigstes Heiligtum.

Berühmt als Ort der Ruhe und Besinnung (mit Übernachtungsmöglichkeiten), ist es auch die Heimat der Blauets, eines Kinderchors, der jeden Sonntag singt.

Mehr Infos zum Monestir de Lluc S. 82.

7. Castell de Bellver

EINE GOTISCHE FESTUNG

Die Burg von Bellver, die 1300 auf einer Anhöhe außerhalb von Palma auf Befehl von Jaume II. entstand, ist eine imposante runde Festung, deren Bau mehr als neun Jahre dauerte. Ursprünglich war sie der Sitz der Könige von Mallorca und wurde später als mittelalterliches Gefängnis, kurzzeitig als Gelddruckerei und während des Spanischen Bürgerkriegs wieder als Gefängnis für republikanische Gefangene genutzt. Sie beherbergt heute das Museu d'Historia de la Ciutat. Hier finden auch Kulturevents statt. Vom Dach bietet sich ein 360-Grad-Panoramablick über Palma und die Badia de Palma.

Mehr Infos zum Castell de Bellver S. 49.

8. Stadtmauern, Alcúdia

MÄCHTIGE MITTELALTERLICHE MAUERN

Die mittelalterliche Stadtmauer, die die Altstadt von Alcúdia umgibt, stammt aus dem 14. Jh. und geht auf die Zeit nach der *reconquista* zurück (die Zeit der „Rückeroberung" der von Mauren besetzten Gebiete). Die 1,5 km lange Mauer in Form eines Fünfecks besitzt 26 Türme und einen Wassergraben. Sie sollte Angreifer von diesem strategischen Punkt im Norden abhalten.

Wer von mittelalterlichen Stadtmauern und Festungsbauten nicht genug hat, fährt nach Capdepera, wo im Mai ein Mittelalterfest abgehalten wird, und zum Palau de l'Almudaina in Palma.

Mehr Infos zu Alcúdia S. 107.

9. Beata-Fest

MALLORCAS SCHUTZPATRONIN

Eines der eindrucksvollsten der (vielen) lokalen Inselfeste ist das Beata-Fest zu Ehren von Santa Catalina Tomás (1531–1574), der Schutzpatronin von Mallorca, die aus Valldemossa stammte. Die Feierlichkeiten beginnen jedes Jahr am 28. Juli. Im September wird sie auch in Santa Margalida geehrt.

Die Einwohner:innen der Stadt ziehen in traditionellen Kostümen oder als *dimonis* (Dämonen) verkleidet durch die Straßen, begleitet von Musikanten, Marschkapellen und geschmückten Wagen, die jeweils einen Aspekt aus dem Leben der Heiligen thematisieren. Eine junge Frau aus dem Ort ist als La Beata verkleidet. Alle sind dabei, auch Kinder und Großeltern, während die Festwagen durch die Straßen der Stadt gleiten. Dieses Fest geht auf das Jahr 1792 zurück, als Beata seliggesprochen wurde.

Mehr Infos zu La Beata S. 84 und S. 123.

10. Piraten & Wachtürme

GESCHICHTE MIT AUSSICHT

Entlang der Küste von Mallorca und auf den Inseln Dragonera und Cabrera gibt es ein Netzwerk aus Wachtürmen. Die meisten wurden im 16./17. Jh. erbaut, als Schutz vor Piraten- und Sarazenenüberfällen. Die Wachposten suchten das Meer ab. Bei einer Feindessichtung entzündeten sie auf dem Wachturm ein Feuer, das Rauchsignale an benachbarte Türme sendete. So wurde die Nachricht verbreitet und die Bevölkerung gewarnt. Die besten Beispiele: Torre des Verger in der Nähe von Banyalbufar und Talaia d'Albercutx in Pollença, von dem aus man einen unglaublichen Panoramablick hat.

Mehr Infos zum Torre des Verger S. 87 oder zum Talaia d'Albercutx S. 88.

11. Illa de Cabrera

FRANZÖSISCHE GEFANGENE AUS NAPOLEONISCHEN KRIEGEN

Die Insel Cabrera, auf der während der Napoleonischen Kriege Anfang des 19. Jhs. Tausende französische Gefangene lebten, ist heute ein unbewohnter Naturpark und ein Meeresschutzzentrum. Etwa 12.000 französische Soldaten, die in der Schlacht bei Bailén (1808) von den Spaniern und Briten besiegt wurden, waren auf der Insel Cabrera ohne Nahrung, Wasser und Unterkunft gestrandet. Viele starben an Unterernährung und an Krankheiten.

Ein kleines Museum auf der Insel informiert ein wenig zur Geschichte, ebenso wie das Informationszentrum an der Bootsanlegestelle in Colònia de Sant Jordi.

Mehr Infos zur Illa de Cabrera S. 156.

12. Tren de Sóller & Orangen

EINE REISE IN DIE VERGANGENHEIT

Die historische, 1912 eingeweihte Bahnstrecke verbindet Palma mit der Stadt Sóller im Goldenen Tal. Vor dem Bau der Eisenbahnlinie (für die 13 Tunnel durch die Serra de Tramuntana nötig waren) unterhielt Sóller engere Handelsbeziehungen zu Frankreich als zum Rest der Insel. Das spiegelt sich auch heute noch im Dialekt der Gegend wider.

Sóller ist berühmt für seine Zitrusfrüchte. Die Orangenbäume pflanzten ursprünglich französische Bauern, die vor der Französischen Revolution 1789 in die Stadt geflohen waren und sich hier niederließen. Jahre später kehrten einige mallorquinische Auswanderer aus Frankreich wieder zurück. Sie setzten neue Impulse, etwa durch Jugendstil-Elemente (Modernismus), die sich in der Architektur des Hauptplatzes und der prächtigen Häuser von Sóller zeigen.

Die Suche nach Glück im Ausland und die anschließende Rückkehr, die oft mit Wohlstand sowie kultureller und sprachlicher Prägung einherging, hatten einen starken Einfluss auf das Leben im 19. Jh.

Mehr Infos zu Sóller S. 78.

13. Platja des Trenc

VERPUTZTE BUNKER AUS DEM 2. WELTKRIEG

Am Strand Es Trenc, der sich kilometerweit im Süden der Insel erstreckt, stehen große, weiß verputzte Bunker, die mit emotionsgeladenen Parolen beschrieben worden sind. Franco ließ sie in den 1940er-Jahren ursprünglich als Verteidigungsbunker (vor den Alliierten) bauen. Die Landung der Alliierten hat nie stattgefunden, aber die Bunker sind erhalten geblieben und dienen heute als Kunstobjekte und als Protest-Plattformen.

Mehr Infos zur Platja des Trenc S. 149.

14. Hotel Formentor

GOLDENES ZEITALTER

In den 1950er-Jahren entwickelte sich Mallorca zum Tourismuszentrum. Die ersten Flugzeuge mit Gästen landeten in der Nähe des Cap de Formentor im Norden der Insel. Das Hotel Formentor, das der Argentinier Adan Diehl 1928 erbauen ließ, ist zum Synonym für Glamour geworden. Zu den Hotelgästen gehörten im Laufe der Jahre Charlie Chaplin, Audrey Hepburn, Ava Gardner, Elizabeth Taylor, Gary Cooper, Grace Kelly, Winston Churchill und F. Scott Fitzgerald. Auch für Schriftsteller wie Jorge Luis Borges, Camilo José Cela, Robert Graves und Italo Calvino war es ein wichtiger Treffpunkt.

Das alte Hotel Formentor gibt es nicht mehr, da es von der Hotelkette Four Seasons entkernt wurde. Ein Neubau entsteht. Hoffentlich weiß das neue Haus die Vergangenheit zu würdigen.

Mehr Infos zum Hotel Formentor S. 104.

15. Posidonia & türkisfarbenes Gewässer

ÖKO-BLUES

Eines der Wahrzeichen der Balearen ist das türkisfarbene Wasser. Diesen leuchtenden Farbton erhält es in dieser Gegend durch das Neptungras (Posidonia) auf dem Meeresgrund. Es existiert seit mehr als 100.000 Jahren im Mittelmeer, ist aber in letzter Zeit auf Mallorca bedroht, da es an angemessenem Meeresschutz fehlt.

In den vergangenen Jahren sind die Touristenzahlen in der Hochsaison sprunghaft angestiegen, was die Ressourcen und die Umwelt belastet. Die aufeinanderfolgenden Inselregierungen haben unterschiedliche Pläne präsentiert, um Mallorca zu einer Destination für Öko-Tourismus zu entwickeln. Nachhaltigkeit, Umweltbewusstsein und ein Umdenken in Bezug auf Saisonalität gewinnen immer mehr an Bedeutung. Die Insel bietet dafür viel Potenzial.

Sanddünen an der Cala Mesquida (S. 137)

TOLOBALAGUER.COM/SHUTTERSTOCK ©

SLOW TOURISM NACHHALTIG REISEN

Mallorca ist nicht bloß ein Klischee – die Insel hat viel mehr zu bieten als feuchtfröhlichen Badeurlaub und günstigen Pauschaltourismus.

DER GRÖSSTE TEIL der Insel, abseits der bebauten Küstenorte, ist ein Naturparadies, das nur darauf wartet, entdeckt zu werden. Die Berge der Serra de Tramuntana wurden 2011 als wichtiges Naturschutzgebiet Mallorcas in die UNESCO-Welterbeliste aufgenommen. Der Insel vorgelagert ist der Nationalpark Cabrera (Parc Nacional Marítimoterrestre de l'Arxipèlag de Cabrera), Spaniens größter Naturpark, der sich über 908 km² im Südosten erstreckt. Im Südwesten liegt Sa Dragonera, eine weitere unbewohnte Insel unter Schutz. Und wer sich von der Küste und den Bergen entfernt, erlebt eine beschauliche Lebensart in den Weinbergen, Kleinstädten und Dörfern des Landesinneren.

In Alarò produziert Mel Vici Inselhonig. Die Jugendfreunde Biel Coll und Pau Queralt gründeten die Firma. Sie arbeiten fast ausschließlich von Hand und folgen dabei dem Rhythmus der Natur. Im Herbst verleihen die Johannisbrotbäume dem Honig ein kräftiges Aroma, im Frühling fällt er durch die Blumen leichter und heller aus.

Das Bedürfnis nach einer natürlicheren Verbindung zum Land zeigt sich auch bei anderen Unternehmen wie Circle Carbon Labs. Das Team arbeitet daran, der Atmosphäre Kohlendioxid zu entziehen, indem es Biokohle herstellt. Mithilfe einer kohlenstoffnegativen Lösung helfen sie Böden, sich zu regenerieren. Circle Carbon Labs pflanzt Baumstecklinge aus der Region (Oliven-, Mandel-, Johannisbrot- und Kiefernbäume) und arbeitet mit Landwirten zusammen, um Wachstum, Artenvielfalt und Ertrag zu verbessern – bei gleichzeitiger Reduzierung von CO_2 und für mehr Nachhaltigkeit.

Die Brüder Jaime und Sebastián Burguera leben in der Nähe von Campos. Sie sind Landwirte und gründeten Formatges Burguera, eine Käsemanufaktur. Sie produzieren Qualitätskäse aus der Milch der Holsteinkuh und auch *llet formatjada* (Buttermilch in Flaschen). Der fermentierte und geräucherte Käse ist ein lokales Produkt – hergestellt mittels traditioneller regionaler Methoden.

Auf der gesamten Insel gibt es zahlreiche weitere Beispiele für kreatives Unternehmertum, für Produkte, die lokal bezogen und hergestellt werden. Das Bewusstsein dafür, dass es wichtig ist, Traditionen und altes Wissen zu bewahren und handwerkliche Fähigkeiten wiederzubeleben, wächst. Ebenso die Leidenschaft (und der Markt) für nachhaltige Produkte.

Die Inselregierung legt den Schwerpunkt zunehmend auf Ökotourismus und Nachhaltigkeit. Sie reagiert auf die Folgen des Massentourismus und auf das weltweit wachsende Umweltbewusstsein. Ein Beispiel ist die von der Regierung eingeführte Ökosteuer, die Gäste pro Übernachtung auf der Insel zahlen müssen. Die Einnahmen werden für Umweltprojekte wie die Instandsetzung von Wanderwegen in den Bergen oder von Trockenmauern (die in einer uralten Technik von Hand gebaut werden) verwendet.

Es gibt einen Plan für die Schaffung von grünen Zonen in urbanen Zentren wie Palma. Die Städte sollen fußgänger- und fahrradfreundlicher werden, der Autoverkehr soll reduziert und die Luftqualität verbessert werden. Eine weitere Initiative ist bereits in vollem Gange: *10.000 Arbres* plant, 10.000 Bäume in ganz Palma zu pflanzen. Auf der Plaça d'Espanya im Zentrum der Stadt zeigt eine Tafel an, wie viele Bäume bereits gepflanzt wurden.

Heimische Wohltätigkeits- und Bürgerorganisationen wie Save the Med (savethemed.org) und die Marilles Foundation (marilles.org) setzen sich für den Schutz der Gewässer rund um die Insel ein. Ankernde Yachten und Boote schädigen das Neptungras (Posidonia) auf dem Meeresboden, das für das wunderschöne türkisfarbene Meer verantwortlich ist. Auch der Wasserverbrauch ist ein großes Problem, vor allem in Zeiten des Klimawandels mit langen, ungewöhnlich heißen Sommermonaten (2022 gab es über 44 °C, die höchste je auf der Insel gemessene Temperatur), mit Dürren und stark dezimierten Wasserreservoirs aufgrund von Regenmangel.

Die klimatischen Herausforderungen und der enorme Anstieg der Touristenzahlen in den Sommermonaten (2022 besuchten mehr als 10 Mio. Touristen Mallorca; die Gesamtbevölkerung der Insel beträgt weniger als 1 Mio.) und der damit einhergehende Wasserverbrauch haben vor Ort viele Diskussionen darüber ausgelöst, wie man diese schwierige Situation entschärfen kann. Im März 2021 hat die Insel die Verwendung von Einwegplastik verboten, um die Umwelt zu schützen. Und die lokale Organisation Clean Wave (cleanwavefoundation.org) hat in Palma und anderswo auf der Insel kostenlose Auffüllstationen für Trinkwasser eingerichtet, um Einwegplastik-Flaschen zu dezimieren.

Am Tag des Tourismus im September 2022, als Mallorca die besten Hotels und touristischen Dienstleistungen auf der Insel feierte, fand gleichzeitig eine große öffentliche Kundgebung statt, bei der die Teilnehmenden eine Menschenkette um das Regierungsgebäude bildeten, um ihre Sorge über den unkontrollierten Massentourismus und seine negativen Auswirkungen auf das Inselleben auszudrücken. Die Insel ist stark vom Tourismus abhängig. Im Jahr 2020 schätzte Rosana Morillo, die Generaldirektorin für Tourismus auf den Balearen, dass etwa 200.000 Arbeitsplätze auf der Insel vom Tourismus abhängten; andere sagen, die Zahl liege bei 35 %. Aber es gibt einen sehr starken Wunsch in der Öffentlichkeit, sich von der *balearización* (wenn kurzfristiger Profit über die Nachhaltigkeit gestellt wird) zu verabschieden. So gewinnen neue, innovative Tourismusmodelle an Beliebtheit.

Hotels wie das Ecocirer in Sóller, geführt von Barbara und Martin Lucas-Martí, verfolgen von jeher einen Ansatz, der verantwortungsbewusstes Reisen mit einem veganen, ökologischen Lebensstil verbindet.

Reiseveranstalter wie españolita.net, gegründet und geleitet von Carmen Ruiz de Huidobro, die das Leben und die Traditionen auf der Insel mit Leidenschaft und Respekt pflegt, bieten Gästen im Rahmen von maßgeschneiderten Touren die Möglichkeit, ein authentischeres Mallorca kennenzulernen. Die Gäste besuchen und unterstützen Kunsthandwerker:innen, übernachten in einer umweltfreundlichen Umgebung und treten mit den Menschen vor Ort in Kontakt. Das ist Slow Tourism in seiner besten Form.

Lokale Unternehmen wie der Olivenölproduzent Son Moragues in der Nähe von Valldemossa ermutigen Besucher:innen, sich Zeit zu nehmen, etwas über die Pflege der jahrhundertealten Olivenhaine zu erfahren. Im Nordosten der Insel nimmt Natura Cavall hilfsbedürftige Pferde auf und betreibt eine Öko-Finca, die völlig abgelegen ist – WLAN ist hier ein Fremdwort. Stattdessen besteht die Möglichkeit, in der Natur zu sein, ihre Schönheit auf dem Pferderücken zu entdecken und in einfachen, ortstypischen Unterkünften mit Gleichgesinnten zu wohnen.

Wer in der Neben- oder Zwischensaison reist, wird eine ruhigere Insel vorfinden, aber vielleicht auch reichere Erfahrungen machen. Ohne den Kampf um einen Parkplatz oder um einen „insta-freundlichen" Aussichtspunkt lassen sich die Dinge entspannter angehen. So kann man den Insel-Rhythmus wirklich genießen. Es gibt eine Vielzahl von Öko-Unterkünften: spartanische Klosterzellen, einzigartige Campingplätze, einfache Berghütten für Wandernde, Finca-Aufenthalte auf Bauernhöfen und Hotels, die auf verantwortungsvollen Tourismus setzen. Die gleiche Kreativität und Vielfalt findet sich auch in den Restaurants der Insel. Lokale wie Andana (Palma), Re:Organic (Sóller), Ziva (Palma), Botanic (Palma) und Béns d'Avall (in der Nähe von Deià) sind führend, wenn es um Bio-Produkte geht.

Die Initiative mallorcalma.com von den Slow-Living-Vorreiterinnen Mira und Lily bringt einige erstaunliche nachhaltige Tourismusanbieter:innen zusammen. Wer Kontakte zu lokalen Umweltorganisationen wie Amics de la Terra knüpfen oder einfach *la buena vida* etwa im inspirierenden Künstlerhaus Casa Balandra genießen will oder wissen will, wo man biologisch und unverpackt einkaufen kann (z. B. bei Bio Kalma in Palma), der findet die Info auf der Website.

Der Abschnitt über barrierefreies Reisen (S. 171) macht Vorschläge, wie der CO_2-Fußabdruck auf Reisen verringert werden kann. Indem du lokale Unternehmen und Handwerker:innen unterstützt und indem du länger oder langsamer reist, kannst du einen positiven Beitrag auf den Balearen leisten. Wenn du eher vom Sessel aus reist oder gerade dabei bist, ein paar langsamere Trips zu planen, dann hat der lokale Fernsehsender IB3 (der Sendungen auf YouTube veröffentlicht, oft mit englischen Untertiteln) zwei Serien im Programm, die die natürliche Schönheit der Insel zeigen und dich in die lokale Geschichte einführen: *Passejades* (Wanderungen inklusive Interviews mit Einheimischen entlang der Route) und *Balears des de l'aire* (fabelhafte „Flugreisen" über die Insel, inklusive Hintergrundinfos zur Geschichte, Kultur und Landschaft).

Angesichts der natürlichen Schönheit und der landschaftlichen Vielfalt ist es nicht verwunderlich, dass Mallorca ein Hotspot für internationale Filmschaffende ist. Diana de la Cuadra, eine erfahrene lokale Filmproduzentin und der kreative Kopf hinter dem innovativen Programm *Green Film Shooting* der Mallorca Film Commission, arbeitet daran, ein nachhaltiges Umfeld fürs Filmemachen auf der Insel zu schaffen – und zwar durch eine Mischung aus Aus- und Weiterbildung und finanzieller Förderung von umweltfreundlichen Filmproduktionen. Außerdem wird der CO_2-Fußabdruck der Dreharbeiten berechnet und der Betrag in lokale Projekte und Aktionsprogramme wie Film Food Forest investiert. Green Film Shooting ermutigt Filmschaffende, die auf Mallorca drehen, umweltfreundlich zu drehen, und demonstriert damit seine Vorreiterrolle in Europa und darüber hinaus. „Mallorca liegt im Herzen des Mittelmeers, ist gut vernetzt und weltoffen, hat aber dennoch eine eigene Identität. Initiativen wie diese bringen uns an die Spitze des nachhaltigen Denkens und schaffen eine riesige Chance, unseren Sektor und unsere Branche zu verändern", sagt de la Cuadra, die sich dafür einsetzt, sowohl die Umwelt als auch die Filmindustrie auf der Insel zu schützen. Mallorca ist in der Tat ein schützenswertes Paradies.

DIE KREATIVE INSEL

Du kommst wegen Sonnenschein und Stränden – und bleibst bestimmt wegen der Kultur. Mallorca hat eine fantastische Literatur- und Kunstszene mit Filmfestivals, Theater, Oper und einer breiten Palette von Livemusik.

DER ARGENTINISCHE SCHRIFTSTELLER JORGE LUIS BORGES sagte einst, Mallorca sei ein Ort wie das Glück selbst – und viele andere Autor:innen sowie Kunst- und Filmschaffende scheinen ihm zuzustimmen. Die Insel ist seit Langem ein Zentrum für Kreative im Herzen des Mittelmeers.

Künstler:innen strömen wegen des Lichts und der inspirierenden Landschaft hierher, und Schriftsteller:innen suchen nach einem Ort, an dem sie ungestört arbeiten können. Ein langjähriger Bewohner von Deià, der Dichter und Romancier Robert von Ranke-Graves, liebte die Ruhe der Insel. Er meinte, die mallorquinische Landschaft sei ideal für diejenigen, deren Geist vor Ideen nur so sprudelte. Es scheint, als ob nur die Schriftstellerin George Sand, die Geliebte von Frédéric Chopin, die Insel nicht ganz nach ihrem Geschmack fand. Das Paar verbrachte eine eher feuchte Wintersaison in Valldemossa in der Real Cartuja. Sand dokumentierte ihren Flop in *Ein Winter auf Mallorca*. Andere wiederum gingen mit Mallorca eine erfolgreiche Liebesbeziehung ein. Der in Barcelona geborene Künstler und Schriftsteller Santiago Rusiñol fühlte sich von den ruhigen Landschaften, den stillen Tälern und den uralten Bergrouten der – wie er sie nannte – *meravellosa illa* (die wunderbare Insel) angezogen. Er beschrieb seine Liebe zu Mallorca – *l'illa de la calma* (die Insel der Ruhe) – regelmäßig in Publikationen wie *La Almudaina* oder *La Vanguardia*.

Seit den 1950er-Jahren und der Öffnung für den Tourismus wird die Insel mit einem gewissen Charme und Glamour in Verbindung gebracht. Die Stars der Filmwelt trafen sich im Hotel Formentor, einem prächtigen Haus am Rande einer wunderschönen, mit Pinien bewaldeten Landzunge, die mit geschützten Sandbuchten gesegnet ist. Derzeit wird es von der Hotelgruppe Four Seasons umfassend renoviert. Es war so abgelegen, dass die ersten Gäste mit dem Boot aus der Bucht von Pollença anreisten, bis schließlich eine kurvenreiche Straße in den Berghang der Halbinsel Formentor gehauen wurde. Im Hotel Formentor fanden regelmäßig literarische Events mit bekannten Schriftstellern statt – Camilo José Cela, Rubén Darío, Borges und Graves waren dabei. Zu den Hotelgästen zählten bekannte Persönlichkeiten wie Charlie Chaplin, Ava Gardner, Audrey Hepburn, Elizabeth Taylor, Grace Kelly und Gary Cooper, aber auch Politiker (darunter der begeisterte Aquarellmaler Winston Churchill) und berühmte Autoren wie F. Scott Fitzgerald.

Die Verbindung zur Welt der Kreativen und der Filmindustrie besteht auch heute noch. Mallorca hat in *Ein ganzes halbes Jahr* als Kulisse von Mauritius gedient und war in Filmen wie *Cloud Atlas* zu bewun-

dern. Die zerklüfteten Landschaften und die Küste waren Hauptdarsteller in *The Night Manager, White Lines, The Crown* und *The Mallorca Files*. Die Insel ist erstaunlich gut mit Filmstudios, Filmequipment und Fachleuten ausgestattet.

Sandra Seeling Lipski, Filmemacherin, Produzentin und Schauspielerin, die auf Mallorca aufgewachsen ist und heute zwischen der Insel und L. A. pendelt, ist die Gründerin des renommierten Evolution Film Festivals (evolutionfilmfestival.com; S. 53). Es ist das größte Filmfestival der Insel und bringt seit mehr als zehn Jahren Hollywood-Größen, innovative Regisseur:innen und Drehbuchautor:innen sowie lokale Filmtalente zusammen. Jedes Jahr nimmt sie die Finalisten mit auf eine Tour zu den Drehorten und Filmstudios der Insel, darunter ein großes, voll ausgestattetes Filmstudio im Bit Park am Stadtrand von Palma. Sie sagt, es sei immer wieder schön zu sehen, wie überrascht und begeistert die Filmschaffenden von allem sind. Im Laufe der Jahre hat Lipski oscar-gekrönte Schauspieler:innen und Regisseur:innen sowie bekannte Persönlichkeiten wie Danny DeVito, Mads Mikkelsen und Ana de Armas auf die Insel geholt, aber auch die besten Talente der Balearen im Rahmen von Kurzfilmpräsentationen nach L. A. gebracht. Einheimische Filmtalente sind allgegenwärtig – in beliebten Fernsehserien wie *Pep* oder *Mòpies* und in Spielfilmen wie denen des bekannten Regisseurs, Drehbuchautors und Schauspielers Agustí Villaronga.

Zurück zur Welt der Bücher: El Bazar del Libro (S. 55) ist eine Institution in Palma und zieht Gäste und Einheimische gleichermaßen an. Palma ist reich an Buchläden – darunter Biblioteca de Babel, Libreria Drac Màgic, Come In Bookshop, La Salina, Rata Corner, La Casa del Libro, Fine Books und Literanta. Die Buchhandlungen dienen auch als kreative Zentren, als Orte, an denen sich Leser:innen und Schriftsteller:innen treffen und Kulturevents, Lesungen und Buchvorstellungen stattfinden. Auch Bibliotheken spielen eine wichtige Rolle – Philosophieabende, Sprachkurse oder Buchclubs sind an der Tagesordnung. Viele bekannte Autor:innen wurden durch Mallorca inspiriert, darunter Darío, Anaïs Nin, D. H. Lawrence und Jules Verne. Pollença spielte eine Rolle in Agatha Christies Geschichtensammlung „Problem at Pollesa Bay" („Die mörderische Teerunde"), die von einem Aufenthalt im Hotel llla d'Or inspiriert wurde.

Mallorca Literaria mit Sitz in Binissalem ist eine fantastische Organisation, die Gästen und Einheimischen die literarische Geschichte der Insel näherbringt. Sie bietet geführte Wanderungen und Ausflüge zu Orten wie dem Literaturmuseum Casa Llorenç Villalonga und dem Museu de la Paraula in Sant Joan sowie Veranstaltungen, bei denen die mallorquinische mündliche Tradition der *glosa,* einer Art poetischer Wortschlacht, gefeiert wird.

Die Insel ist reich an Kunstschaffenden. In den Dörfern im Landesinneren gibt's Ateliers für Malerei, Bildhauerei oder Keramik. Palma und die größeren Inselstädte sind voller Kunstgalerien und -sammlungen mit Werken von einheimischen Talenten wie Miquel Barceló und berühmten Persönlichkeiten wie Miró und Picasso, die vom Licht der Insel angezogen wurden. Jedes Jahr im September findet die Nit de l'Art statt, bei der die Galerien eine Nacht lang der Öffentlichkeit zugänglich sind. Das lebhafte Rahmenprogramm bespielt Orte wie Rialto Living (stilvoller Concept Store, Kunstgalerie und Veranstaltungsort in einem, im Zentrum von Palma), Casa Solleric, Pelaires Centre Cultural Contemporani und die vielen Kunstgalerien am Passeig del Born und entlang der Carrer de Sant Feliu.

In der Stadt Manacor im Landesinneren steigt jedes Jahr ein lebhaftes Theaterfestival. In Palma gibt es das ganze Jahr über Theater-, Tanz- und Musikevents an Veranstaltungsorten wie dem Teatro Principal oder dem Auditòrium am Paseo Marítimo. Das Teatro del Mar und das Teatro Mar i Terra bieten ganzjährig lebendiges Theater. Und im September findet zudem mit Fira B! eine Messe für Musik und darstellende Kunst in Palma statt. Übrigens: Die Lokalregierung hat beschlossen, junge Balearen mit einem Bono Cultural zu unterstützen, einem 400-Euro-Kultur-Gutschein. Wer sich also jenseits der Strände und Ferienorte an der Küste umsieht, wird eine Insel entdecken, die reich an Kultur ist.

Frédéric Chopins Herberge, Real Cartuja (S. 84)

REGISTER

Karten **000**

HINTER DEN KULISSEN

Layoutentwicklung Marc Backwell

Contententwicklung Mark Jones, Sandie Kestell, Anne Mason, Joana Taborda

Kartografieentwicklung Katerina Pavkova

Produktionsentwicklung Sandie Kestell, Fergal Condon

Leitung Reihenentwicklung Darren O'Connell, Piers Pickard, Chris Zeiher

Redaktionsleitung Daniel Bolger

Koordination Sasha Drew

Produktionsredaktion Kathryn Rowan

Layout Nicolas D'Hoedt

Kartografie Hunor Csutoros

Redaktionsassistenz Janet Austin, Melanie Dankel, Kate Mathews, Mani Ramaswamy

Titelbildrecherche Fergal Condon

Dank an Ronan Abayawickrema, Gwen Cotter, Esteban Fernandez, Clare Healy, Karen Henderson, Sandie Kestell

„Tolle Aussichtspunkte wie der Leuchtturm am Cap de Ses Salines im Süden oder der imposante natürliche Felsbogen Es Pontàs (S. 143; Foto oben) sind einen Besuch wert."

„Die Wanderung nach La Trapa (S. 94) führt am Küstenstreifen entlang durch ein Naturschutzgebiet bis zum Kloster, von dem aus sich ein herrlicher Blick auf die Insel Sa Dragonera bietet."

ÜBER DIESES BUCH

Lonely Planet Global Limited
Digital Depot, Roe Lane
(off Thomas Street)
Digital Hub
Dublin 8, D08 TCV4
Ireland

Verlag der deutschen Ausgabe:
MAIRDUMONT
Marco-Polo-Str. 1
73760 Ostfildern

www.lonelyplanet.de
www.mairdumont.com
lonelyplanet-online@mairdumont.com

Mallorca
6. deutsche Auflage
Januar 2024, übersetzt von *Mallorca, 6th edition, Juli 2023,* Lonely Planet Global Limited

Deutsche Ausgabe
© Lonely Planet Global Limited, Januar 2024

Fotos © wie angegeben 2023

Printed in China

Übersetzung, Redaktion und technischer Support:
Eszter Kalmár, Potsdam
(www.lektorat-kalmar.de)

MIX
Paper from responsible sources
FSC
www.fsc.org
FSC® C124385

Dieses Buch wurde auf FSC® zertifiziertem Papier gedruckt. FSC® ist ein internationales Zertifizierungssystem für nachhaltigere Waldwirtschaft. Das Holz für diese Papier kommt aus Wäldern, die verantwortungsvoller bewirtschaftet werden.